Gartenteiche

Alice Thinschmidt
Daniel Böswirth

KOSMOS

Wasser im Garten 4

Welcher Teich passt in meinen Garten? 6
Naturteich – Artenvielfalt vor der Haustür 8
Formale Wasserbecken: eine klare Sache! 10
Miniteich & Wasserspiel – nasser Spaß 12
Sitzplatz und Wege am Teich 14
Schwimmteiche – kopfüber ins kühle Nass 16
Bewegtes Wasser 18

Selberbauen leicht gemacht: Der eigene Teich 20

Planung vor dem Bau 22
Rund oder eckig? Auf die Form kommt es an 24
Sicherheit geht vor 26
Dichtungsmaterial und Zubehör 28
Folienteich selbstgebaut 30
Einbau eines Schalenteiches 34
Die Ufergestaltung 36
Licht und Beleuchtung 40
Deko-Ideen auf einen Blick 42
Alles im Fluss – ein Bachlauf im Garten 44
Stege und Brücken 48
Klein aber oho – Miniteich und Wasserbecken 50
Miniteiche bepflanzen 52
Bau eines Schwimmteiches 54
Kinderspaß im Wassergarten 58
Filterteich und bepflanzte Bodenfilter 60

Gartenteiche pflegen 62

Grundsätzliches zur Pflege 64
Wasserqualität und Wasserwerte 66
Filter und Filterung 68
Nützliches Zubehör 72
Der Teich im Frühling 74
Der Teich im Sommer 76
Algen im Sommer – kein Problem! 78
Der Teich im Herbst 80
Der Teich im Winter 82

Pflanzen und Tiere für den Teich

Einteilung in Zonen 86
Pflanzenauswahl und Teichrandgestaltung 88
Pflanzung 90
Sumpf- und Flachwasserzone 92
Wasserpflanzen mit Schwimmblättern 103
Schwimmpflanzen 107
Seerosen 109
Tiere am und im Gartenteich 116
Amphibien 118
Reptilien 122
Fische 124
Insekten und anderes Kleingetier 130
Schnecken 132
Muscheln 133

Nützliche Adressen 134
Register 134
Impressum 136

Wasser im Garten

◀ Ein Schwimmteich lässt sich auch an einem steilen Hanggarten bauen, Trocken- und Stützmauern ermöglichen dies.

▶ Eine üppige Ufersaumbepflanzung mit Blut-Weiderich und Taglilien bettet den Teich in den Garten ein.

▶ Pool oder Schwimmteich? Nicht nur eine Frage des Geschmacks, sondern auch der Ökologie.

▶ Ein schöner Messingauslass, Bohrloch, Pumpe und ein Auffangbecken machen aus einem alten Steintrog einen neuen Brunnen.

Welcher Teich passt in meinen Garten?

Unabhängig davon, ob der Teich für das eigene Schwimmvergnügen, als reine Zierde oder für ein paar muntere Fische gebaut werden soll, stellt sich die Frage nach dem Stil. Bei naturnah angelegten Gärten ist sie schnell beantwortet. Der Teich sollte ganz natürlich aussehen und sich möglichst harmonisch in die Umgebung einfügen. Mit flexiblen Teichfolien können individuell gestaltete Uferverläufe leicht verwirklicht werden. Fließende Übergänge vom tiefen Wasser zum Ufer sind bei Naturteichen erwünscht und bei der Bepflanzung liegt der Schwerpunkt auf heimischen, robusten Pflanzen, die rasch für eine vielfältige Ufervegetation sorgen – beste Voraussetzungen für die Besiedelung mit Wassertieren. Auf technische Details wie Wasserspiele oder Beleuchtung wird meist ganz verzichtet.

Mit Ecken und Kanten

Doch nicht immer passen runde, geschwungene Uferlinien und eine üppig wachsende Teichbepflanzung in den bereits bestehenden Garten. Sollen Wege, Mauern, Sitzplätze oder ein modern gestaltetes Haus mit Wasser in Verbindung gebracht werden, so bieten sich oft formale Lösungen an. Gerade Linien und klare Formen haben den Vorteil, auch in sehr kleinen Maßstäben effektvoll zu wirken. Schnörkellos schlichte Brücken aus

▶ Bunt durchmischte Pflanzungen passen durch ihr ineinander verwobenes Erscheinungsbild gut zum Ufer.

▲ Fließende Übergänge zwischen Teich und Ufersaum sind bei naturnah angelegten Teichen erwünscht.

▶ Eine Tauchpumpe mit angeschlossener Effektdüse (Schaumsprudler) bringt Zirkulation und Sauerstoff in den Teich.

Wasser im Garten – was passt am besten zu mir?

Was habe ich?	Der richtige Wassergarten für mich	Was möchte ich?	Das ist dafür der richtige Wassergarten
einen großen Garten	großer Naturteich, Fischteich, Schwimmteich	Entspannen	Bachlauf, Wasserspiele, Sitzplatz, Holzdeck oder Steg am Teich
einen kleinen Garten	kleiner Teich, architektonisches Becken, Wandbrunnen, Quellstein oder Wasserspiel	Kinder begeistern	Naturteich, Bachlauf, Wasserspiele, Schwimmteich
einen Balkon, eine Terrasse	Miniteich, Quellstein, Wasserspiel, Wandbrunnen, Wasserschale	Tiere beobachten	Naturteich, Vogelbad
kleine Kinder (bis 4 Jahre)	Quellstein, Wasserspiel, Schwengelbrunnen	Erfrischen	Schwimmteich
kleine Kinder (bis 8 Jahre)	Quellstein, Wasserspiel, Bachlauf	Pflanzen sammeln	Moorteich, Moorbeet
größere Kinder (älter als 8 Jahre)	Bachlauf, Naturteich, Schwimmteich	Baden	Schwimmteich
Haustiere	Naturteich, Wasserspiele, Quellstein		

schönen Steinplatten, extravagante Beleuchtungen, Steinquader als Trittsteinwege im Flachwasserbereich, schmückende Figuren oder exotische Wasserpflanzen passen wiederum gut zu geometrischen Becken.

Die Wasserflächen bleiben großteils frei, um ihre Wirkung nicht zu schmälern. Wenige, dafür besonders charaktervolle Pflanzen sorgen für eine stimmungsvolle Kulisse.

◀ Große Findlinge verbinden als Trittsteine das Ufer mit Steg und Treppe. Der Wasserfall in der Mauer bringt Dynamik in die stille Teichlandschaft.

▶ Mit dem vorhandenen Platz steigt auch die Auswahl an Pflanzen für das Ufer: Trauerweiden, Bambus (mit Rhizomsperren!) und Mammutblatt.

Naturteich – Artenvielfalt vor der Haustür

◀ Zwischen den Halmen, Blättern und Stängeln tummelt sich ein ganzer Kosmos an tierischem Leben.

▼ Auch kleinste Wasserstellen wie dieser vielfältig bepflanzte Moorteich bestechen durch eine ungeheure Artenvielfalt.

◀ Faszinierende Beobachtungen wie die Grasfroschhochzeit sprechen für einen Naturteich.

▶ Durch einen Sitzplatz am Ufer rückt der Teich ins Zentrum des Gartengeschehens.

Vom kleinen Biotop zum großen Teich

Die maximal festgelegte Teichgröße ist die einzige Einschränkung, auf die bei der Planung eines Naturteiches Rücksicht genommen werden muss. Der Verlauf von Uferlinien kann ebenso frei und individuell gestaltet werden wie die Modellierung der einzelnen Zonen. Um möglichst vielen verschiedenen Pflanzen und Tieren ideale Lebensbedingungen zu schaffen, sollten vor allem Flachwasser- und Uferbereich großzügig und abwechslungsreich gestaltet werden. Hier quaken, tummeln, rudern, schwirren und krabbeln die meisten aller Biotopbewohner. In der feinen Ausgestaltung der Details kann man sich von natürlichen Teichen inspirieren lassen. Schön geformte Findlinge lockern das Ufer auf, auch Trockenmauern oder Quellsteine passen gut dazu. Statt den Aushub vom Teichbau abzutransportieren, können Sie ihn auch zum Modellieren des Geländes rundum verwenden. Damit eröffnet sich in der Gestaltung ebener Gärten eine weitere Option: ein Bachlauf wird möglich. Am trockenen Ufer außerhalb der Folie sorgen Stauden für die perfekte Einbindung in den Garten. An einen Steg oder ein Holzdeck sollten Sie gleich zu Beginn vor allem bei größeren Teichen denken. Stege bleiben in späteren Jahren oft der einzige freie Zugang zum Wasser inmitten des Uferdickichts.

Vorteile von Naturteichen

Ohne Schnickschnack sind sie natürlichen Vorbildern nachempfunden und entsprechen perfekt dem Bild, das vielen unter einem Teich vorschwebt.

- **Naturteiche wirken sehr authentisch, als wären sie schon immer im Garten vorhanden.**
- **Spannende Tierbeobachtungen sind im Garten möglich.**
- **großer Gestaltungsspielraum in Größe und Form**
- **lange erprobtes, bewährtes System**
- **zusätzliche Wasseraufbereitung durch Filter nicht zwingend erforderlich**
- **geringerer Aufwand bei der Errichtung und in der Erhaltung als bei formalen Wasserbecken**
- **wertvolles Refugium für heimische Amphibien, Insekten und andere Tiere**
- **kein Entleeren im Herbst, was allen Wasserlebewesen zugute kommt**
- **Ersatzlebensraum für selten gewordene Feuchtgebiete in der Natur**

Artenvielfalt im Wasser und zu Lande

Naturnah angelegte Teiche bieten als Feuchtbiotope auf kleinstem Raum einer großen Anzahl an Wasserpflanzen und Tieren optimale Lebensbedingungen. Viele heimische Arten stehen in Wirkung und Eleganz den Exoten kaum nach und sind winterhart und robust. Jede Pflanze beherbergt und lockt ganz bestimmte Tiere an. Eine abwechslungsreiche Bepflanzung ist daher wichtig. Dabei sollte nicht nur auf Vielfalt im Teich geachtet werden, auch der Ufersaum außerhalb der Folie ist als Rückzugsraum für viele Insekten und Amphibien von großer Bedeutung. Bei jedem Teich macht sich nach einigen Jahren ein Ausdünnungseffekt in der Artenvielfalt bemerkbar. Wasserpflanzen, die sich besonders wohlfühlen, verdrängen andere, die mit den Bedingungen nicht so gut zurechtkommen. Hier können Sie regulativ eingreifen. Starkwüchsige Pflanzen werden dezimiert oder gleich von Beginn an durch Rhizomsperren gezähmt. Dadurch verschaffen Sie schwächer wüchsigen Arten genügend Platz, sich ausbreiten zu können. Mit einigen Neuankömmlingen, die sich durch Samenanflug oder Wasservögel im Teich von alleine einfinden, ist ebenfalls zu rechnen. Hier sollten Sie sich über Bestimmungsliteratur eine gewisse Artenkenntnis aneignen, damit nicht ungebetene Gäste wie Schilf *(Phragmites australis)* in Ihren Teich gelangen können.

Formale Wasserbecken – eine klare Sache!

Gerade Linien, kreisrunde Wasserschalen oder ein schillerndes Oval: bei formalen Wasserbecken werden die Grenzen klar aufgezeigt. Ecken und Kanten wollen gesehen und bewusst gezeigt werden. Sie beziehen sich häufig in Form und Richtung auf Gebäudefluchten, Wegeverläufe oder andere bereits vorhandene, markante Linien. Daher kommt der Suche nach der perfekten Form und der richtigen Dimension eine besondere Bedeutung zu. Einmal festgelegt, kann nichts mehr kaschiert oder verändert werden. Darin liegt jedoch auch ihr Reiz. Als ein wesentliches Element in der Gestaltung eines architektonisch angelegten Gartens sind formale Becken ein weithin sichtbares Zeichen – formvollendet und elegant. Dies mag vielleicht auch damit zusammenhängen, dass sie auf eine weit längere Geschichte zurückblicken als Folienteiche.

Groß im Kleinen

Sehr kleine Teiche werden rasch von Wasserpflanzen erobert. Von der ursprünglichen freien Wasserfläche bleibt kaum ein Fleckchen frei. Wasserbecken haben da den Vorteil, dass sie starkwüchsigen Gewächsen nur begrenzten Raum geben. Die Wasserpflanzen wurzeln nicht im Teichboden, sondern werden in Körben versenkt oder in eigens betonierten Pflanzschalen gezogen. Das Dezimieren starkwüchsiger Wasserpflanzen ist also leicht möglich. Auch bei der Wassertiefe gibt es keine Einschränkung. Ganz ohne flache Uferböschung lässt sich in kleinsten Becken mühelos die ausreichende Tiefe erreichen, die Seerosen zum Gedeihen brauchen. Durch die senkrechten und festen Wände können Wasserbecken besonders gut gesäubert werden.

▲ Klinker eignen sich wunderbar zum Verkleiden von Wasserbecken. Das Becken selbst wurde mit einer – nun unsichtbaren – Folie abgedichtet.

◀ Das schlichte, mit Granit eingefasste Wasserbecken passt gut in den architektonisch angelegten Garten.

Alle Möglichkeiten offen

Was Gestaltung und Materialwahl betrifft, sind die Möglichkeiten nahezu unbegrenzt. Ein Becken muss nicht wie ein Teich mit dem Erdniveau abschließen, sondern kann auch aufgemauert und in die Höhe gebaut werden. Die Beckeneinfassung tritt in den Vordergrund: Dünner, rostroter Bandstahl, blitzblank polierter Niro, solider Naturstein, beliebig gießbarer Beton, natürlich gemasertes Holz oder altbewährter, vermauerter Klinker. Es muss auch nicht bei einem Becken bleiben. Abgestuft und ineinandergreifend lassen mehrere Becken Wasser effektvoll von einer Ebene in die andere fließen. So können auf kleinstem Raum alle Möglichkeiten, die ein Wassergarten bietet, kompakt untergebracht werden: Seerosen, Wasser speiende Figuren, Sumpfpflanzen, ein kleiner Wasserfall oder ein Quellstein – im Vorgarten, im Innenhof oder auf der Terrasse findet sich immer ein Plätzchen für ein formales Becken. Anschaffungskosten und Pflege sind jedoch beträchtlich höher als bei einem Folienteich in vergleichbarer Größe.

Wo passt ein formaler Teich?

Schön eingefasste Becken, erhöht oder auf Erdniveau abschließend, setzen immer deutliche Akzente im Garten, wirken aber meist nur in Verbindung mit Baulichkeiten.

- **Ein modernes Haus in betont kühler Sachlichkeit harmoniert mit klaren Linien.**
- **Zu historischen Gebäuden passen streng formale Wasserbecken meist besser als Teiche mit frei gestaltetem Uferverlauf.**
- **Ein Vorgarten als eigener Gartenbereich ist gut für kleine Wasserbecken oder Wasserspiele geeignet.**
- **Innenhöfe bieten durch ihre meist rechteckige Grundform für formale Teiche gute Bezugspunkte.**
- **Auf Terrassen und Dachgärten sind sie oft die einzige Möglichkeit, Wasser in den Garten zu holen.**

▶ Ein Wasserbecken durchbricht den Weg und bildet einen markanten Übergang zwischen zwei unterschiedlichen Gartenbereichen.

▶ Im Wasser spiegeln sich große Steinblöcke und Trockenmauern – und wirken so im wahrsten Sinn des Wortes doppelt.

Miniteich & Wasserspiel – nasser Spaß auf Balkon & Terrasse

▼ Wasserspiele sind vor allem in kleinen Wasserbecken ein willkommener Blickfang.

▲ Eine Wasserschale mit interessanten Wasserpflanzen hat in jedem Garten Platz.

▼ Wasserspiele brauchen nicht unbedingt ein Becken oder einen Teich – ein unterirdisches Auffangbecken tut es auch.

▶ Die schmale Beckenkante aus Bandstahl ist kaum zu sehen, der Buchs sorgt für einen immergrünen Rahmen.

Teich im Kleinformat

Mit Miniteichen können Sie sich den Zauber, der Wassergärten innewohnt, auch auf Balkone, kleine Terrassen oder an den Rand des Sitzplatzes im Garten holen. Edle Keramikgefäße, alte Holzbottiche oder Granittröge sind ein schöner Rahmen, um besonders anspruchsvolle oder attraktive Wasserpflanzen zu präsentieren. Pflanzen aus warmen Gegenden gedeihen im kleinen Gartenteich oft besser, und um den Winter brauchen Sie sich keine Sorgen zu machen: Der Miniteich überwintert am besten frostfrei im Haus oder wird jedes Jahr aufs Neue bepflanzt.

Wasserschalen und Vogeltränken

Ein vogelfreundlicher Garten hält auch eine Vogeltränke bereit – nicht zum Nachteil seiner Bewohner, denn die Hilfe von Singvögeln ist Gold wert, wenn es ums Vertilgen von Schädlingen geht. Abgesehen vom Nutzen für die „Badegäste" sind kleine und kleinste Becken im Garten eine schöne Möglichkeit, das Element Wasser überraschend in Szene zu setzen, ob als Terrakottaschale am Wegrand, als tischhohe Vogeltränke mitten im Blumenbeet oder als ins Granitpflaster eingebautes, schlichtes Wasserbecken. Metall, Keramik, Kunststoff, Stein – viele Materialien stehen zur Auswahl. Sollen Tränken für Vögel attraktiv sein, so ist häufiger Wasserwechsel und eine gute Übersicht wichtig, um prüfen zu können, ob sich nicht doch das Übel in Form einer Katze anschleicht.

Quellstein

Das beständige Glucksen und Plätschern ist eine Wohltat an heißen Tagen. Steine mit runden, vom Wasser eines Flusses glatt und rund geschliffenen Konturen verlangen geradezu nach fließendem Wasser, das ihre Formen umspielt. Mittig durchbohrt und mit einer passenden Pumpe versehen, verwandeln sie sich in einen schönen Quellstein. Das Auffangbecken muss nicht immer ein Teich sein, ein unsichtbares Reservoir unter dem Stein tut es auch und versteckt außerdem die Pumpe. Abgedeckt mit einem Gitter und Kieselsteinen scheint das Wasser einfach zu versickern. Aber auch im flachen Wasser eines Teiches oder Schwimmteiches ist ein Quellstein gut aufgehoben. Er lockert eine wenig aufregende Uferpartie auf und sorgt neben Steg oder Sitzplatz für Erfrischung – sowohl fürs Auge als auch fürs Ohr.

Sitzplatz und Wege am Teich

◀ Eine kleine Bank und ein schmaler Steg machen aus dem Sitzplatz am Ende des Teiches eine einsame Insel.

▶ Liegen, sitzen, kurz auf der Mauer platznehmen? Plätze am Schwimmteich laden zum Entspannen ein.

◀ Sparsamer, aber geschmackvoller Einsatz von Wasser: Mediterrane Gärten sind da ein gutes Vorbild.

Sitzplatz

Essen, Plaudern, Chillen... wo im Garten ist das angenehmer als am Wasser? Ein Sitzplatz erschließt eigentlich erst so richtig die wunderbare Welt eines Teiches, denn er lädt ein, sich Zeit zu nehmen. Genießen Sie die Ruhe, die Wasser ausstrahlt, und das am besten zu jeder Tages- und Nachtzeit. Was für einen Schwimmteich – meist in Form eines Holzsteges – Standard ist, hat auch am normalen Gartenteich seine Berechtigung. Anstatt einzelner, isolierter Teile sollten Wasser und Sitzplatz in ein Gesamtkonzept eingebettet sein – vielleicht sogar erweitert um einen Grillplatz oder einen Feuerplatz, um hier auch gemütliche Abende verbringen zu können. Eine interessante Variante ist der Teich direkt am Haus: Hier übernimmt die Terrasse die Funktion eines Sitzplatzes am Ufer, das Wasser wird zum zentralen Wohnelement.

Wege und Zugang

Ein Teich, der im Garten integriert ist, als wäre er immer schon da gewesen, ist oft schlicht das Ergebnis einer guten Wegeführung. In der Wahl desselben Materials bei Stein oder Holz lassen sich Teich, Weg und übriger Garten auch optisch miteinander verbinden. Die schönen Findlinge am Ufer, der gepflasterte Weg und der Sitzplatz beim Haus, von dem aus der Teich betrachtet werden kann, verschmelzen durch gleiche oder ähnliche verwendete Materialien zu einer Einheit. Dimension und Ausführung eines Weges hängen davon ab, wie stark frequentiert er sein soll. Ein naturnaher Teich ist mit einem lockeren Trittplattenweg durch den Rasen gut angebunden, der Schwimmteich für die ganze Familie braucht einen soliden, rasch trocknenden Zugang, der barfuss angenehm zu begehen ist.

Licht

Viele berufstätige Menschen können ihren Garten erst abends so richtig genießen. Daher ist die passende Beleuchtung eine gute Investition. Lampen sollten im Freien grundsätzlich so sinnvoll und so zurückhaltend wie möglich eingesetzt werden, anstatt den gesamten Garten auszuleuchten. Für Tiere stellt Licht im nächtlichen Garten eine massive Störquelle dar – Grund genug, bestimmte Bereiche im Dunkeln zu belassen. Mehr dazu auf Seite 40 f.

▲ Unterwasserscheinwerfer mit Halogenlampen geben ein warmes, weiches Licht und sorgen am Abend für Stimmung.

▼ Die beliebten, im Wasser treibenden Lichtkugeln sind auch mit Solarzellenbetrieb erhältlich.

Schwimmteiche – kopfüber ins kühle Nass

Badefreuden im eigenen Garten, umweltschonend und ohne Chemie: nicht umsonst erfreuen sich Schwimmteiche seit über 30 Jahren großer Beliebtheit. Im Laufe der Jahrzehnte haben sich viele unterschiedliche Bauweisen und Systeme etabliert. Allen Varianten gemeinsam ist, dass sie bei der Wasserreinhaltung auf die natürlichen Kreisläufe und Selbstreinigungskräfte im Ökosystem Teich vertrauen. Auch wenn schon kleinere Schwimmteiche erfolgreich gebaut wurden, ist von einer sinnvollen Mindestgröße von 70 m² auszugehen. Der richtigen Wahl der Abdichtung muss besonderes Augenmerk geschenkt werden, da etwaige Schäden viel kostspieliger ausfallen als bei kleinen Biotopen.

Gleichgewicht mit Schwankungen

Ein Schwimmteich besteht immer aus zwei Teilen: einem Schwimmbereich und einem Regenerationsbereich. Beide bilden einen gemeinsamen Wasserkörper. Im Regenerationsbereich wurzelnde Pflanzen entziehen dem Wasser Stickstoff, Phosphor und andere Nährstoffe, die auch durch das Baden eingebracht werden. Die Hauptakteure der Wasserreinigung sind jedoch neben dem Plankton Myriaden von Mikroorganismen. Je älter, eingespielter und artenreicher ein Schwimmteich ist, desto unerschütterlicher ist auch sein Gleichgewicht. Jahreszeitlich bedingte Schwankungen sind jedoch ganz normal. Gerade bei jungen Schwimmteichen braucht es eine Weile, bis die natürlichen Selbstreinigungskräfte im Wasser voll wirken können.

▼ Ob schnelles Bad, stilles Genießen beim Morgenkaffee oder Tiere aus der Nähe beobachten, ein Schwimmteich direkt am Haus hat viele Vorzüge.

▶ Die Trennung von Schwimmbereich und Regenerationsbereich kann auf vielerlei Arten erfolgen – hier wurden mit Kies gefüllte Vliessäcke verwendet.

Eine Idee in vielen Varianten

Auf die Selbstreinigung des Wassers bauen alle Systeme, im Erreichen dieses Ziels gehen sie aber höchst verschiedene Wege in Gestaltung und Ausstattung. Die einfachste Bauweise setzt ausschließlich auf die bepflanzte Regenerationszone und überlässt die Wasserreinigung den dort wachsenden Pflanzen und natürlich angesiedelten Mikroorganismen. Andere Varianten stehen dem traditionellen Poolbau näher. Sie nützen neue Filtersysteme, Wasserumwälzanlagen oder ausgeklügelte Belüftungsrohrleitungen zur Anreicherung des Badewassers mit Bodenluft. Natürlich schlagen sich die aufwändigen Systeme auch in höheren Bau- und Erhaltungskosten nieder. Die meisten Schwimmteiche werden als Mischvariante gebaut. Die Trennung von Regenerationszone und Schwimmbereich kann durch eine Mauer, einen Holzkasten, Steinblöcke, Trennungselemente aus Kunststoff, einen Wall oder aufgeschichtete, mit Kies gefüllte Vliessäcke erfolgen. In der extremsten Variante ist die einzige Verbindung zwischen Schwimmbereich und Klärteich nur mehr eine Pumpleitung.

Checkliste

Der Bau eines Schwimmteiches ist mit erheblichem Aufwand und Kosten verbunden. Ist Ihr Garten schwimmteichtauglich?

- Im steilen Gelände lässt sich ein Schwimmteich nur mit großem Aufwand verwirklichen.
- Schwimmteiche machen nur in mittleren und großen Gärten Sinn.
- Vor dem Bau sollten Sie sich gut eingewachsene Schwimmteiche ansehen. Messen Sie Ihre Erwartungen stets an der Realität!
- Gibt es Hindernisse wie felsigen Boden, hohen Grundwasserstand, unzureichende Bauzufahrt oder unterirdische Leitungen, die das Projekt erheblich verteuern würden?
- Lassen Sie Ihr potenzielles Füllwasser vorab testen, um keine bösen Überraschungen zu erleben.
- Erstellen Sie eine Kostenübersicht! Können Sie manche Arbeiten in Eigenregie erledigen?

▼ Entspannen und genießen – ein Steg mit Sonnenschirm und Liegen sollten an keinem Schwimmteich fehlen.

▲ Praktisch: der lebende Sonnenschirm aus kleinkronigen Hänge-Ulmen spannt sich jeden Frühling von selbst auf.

Bewegtes Wasser

◀ Beeindruckend, durch die großen Steinblöcke aber auch sehr aufwändig: Kombination aus Bachlauf und Wasserfall.

▼ Selbst Steine können bewegt und dynamisch wirken: vom Flusswasser geformte Findlinge lassen einen Bachlauf gleich viel lebendiger wirken.

▶ Flach über eine Stahlkante geleitet fällt das Wasser als breites, klares Band hinunter bildet einen wunderschönen Kontrast zur Mauer dahinter.

Ein plätschernder Bachlauf oder ein spektakulärer Wasserfall beleben langweilige Hänge oder öde Gartenecken. Die wohltuende Atmosphäre fließenden Wassers schafft Oasen der Ruhe und bringt auch in relativ kleine Gärten viel Dynamik. Schon mit geringem Aufwand können Sie große Wirkung erzielen.

Bachlauf

Die Kombination von Bachlauf und Teich ist ideal, denn eine Umwälzpumpe befördert das Teichwasser zum Ursprung des Bachlaufs und auf ein separates Auffangbecken kann verzichtet werden. Als Ursprung dient häufig ein Quellstein. Natürlicher sieht es aus, wenn der Zuleitungsschlauch geschickt mit Steinen überdeckt wird und das Wasser zwischen Steinblöcken wie aus einer Quelle hervorsprudelt. Heikel sind bei jedem Bachlauf die Folienränder. Sie sollten gut mit Steinen abgedeckt werden und als wirkungsvolle Barriere vor Wasserverlust schützen. Bei zu hohen Fallstufen im Bachlauf kommt es zu unnötigen Spritzwasserverlusten. Ein abwechslungsreicher Wasserlauf entsteht durch geschickt eingebaute Überlaufsteine, natürlich wirkende Richtungsänderungen und Strecken mit ruhigeren Passagen. Solche Rückstaubecken, wo sich Wasser auch nach Abschalten der Pumpe hält, eignen sich gut zum Bepflanzen.

Wasserfall

Bei der Umsetzung Ihrer Ideen müssen Sie vor allem auf die richtige Dimension von Becken und Wasserfall, die passende Fallhöhe und einen wohl proportionierten Wasserdurchfluss achten. Stürzendes Wasser ist nicht an ein bestimmtes Gelände gebunden und kann auch auf einer Terrasse realisiert werden. Ein Niveauunterschied von einem halben Meter und ein ein Quadratmeter großes Becken reichen aus, um sich einen Wasserfall zu bauen. Aus einer Natursteinmauer ragende große Steinplatten, moderne Materialien wie Edelstahl oder flexibler Klinker: kein Wasserfall gleicht dem anderen.

Voraussetzungen für einen Bachlauf

Für einen ruhig dahin fließenden Wiesenbach braucht kein großes Gefälle.

- **Ein Niveauunterschied ab 1 m sollte geschaffen oder vorhanden sein.**
- **Als Abdichtungsmaterial kommen Folien und Kunststoffschalen in Frage.**
- **Für den Bau brauchen Sie formschöne Steine in allen Größen.**
- **Um nach Abschalten der Pumpe das Wasser vollständig fassen zu können, benötigen Sie ein Auffangbecken oder einen Teich.**
- **Ein Stromanschluss für eine Pumpe und eine eventuelle Beleuchtung muss vorhanden sein.**
- **Eine richtig dimensionierte Pumpe mit passender Förderleistung lässt einen Bachlauf natürlich wirken.**

Selberbauen leicht gemacht:

▶ Einladung zum Sonnenbaden: Liegestein am Schwimmteichufer.

◀ Teichmulde abrechen, Kies einbringen, Stegbretter schrauben: am Teich gibt es viele Arbeiten, die Sie auch selbst erledigen können.

◀ Das Bauen ist das Eine, die gekonnte Bepflanzung das Andere – bei beidem ist Fachkenntnis gefragt.

Der eigene Teich

Planung vor dem Bau

Der optimale Standort

Eine halbschattige bis sonnige Lage mit 6 bis 7 Stunden Sonne pro Tag ist für einen Teich ideal. Sind Sträucher vorhanden, so sollten sie in die Planung eingebunden werden. Als Rückzugsraum für viele Tierarten ist vor allem der grüne Ufergürtel außerhalb des Teiches wichtig. Bereits bestehende Mulden und Senken können für den Teich vertieft und verbreitert werden. Am tiefsten Punkt im Gelände sehen stehende Gewässer am natürlichsten aus. Sie direkt unter großen Baumkronen anzulegen, ist nicht zu empfehlen. Pollenstaub, Fruchtfall und Laubeintrag sammeln sich im Wasser an und belasten in Folge durch ein Nährstoffüberangebot.

Sonniger Teich

Durch intensive Sonneneinstrahlung erwärmt sich ein Gartenteich rasch. In Folge entweicht einerseits der für Wasserlebewesen so wichtige Sauerstoff, andererseits können mehr Nährstoffe in Lösung gehen. Ein Überangebot an gelösten Phosphaten und Stickstoff begünstigt neben viel Licht das Wachstum von Algen. Vor allem bei sehr kleinen Teichen mit geringem Wasserkörper kann es durch den Anstieg der Temperatur zu Problemen kommen. Viel Sonne bedeutet aber auch eine hohe Verdunstung, der Wasserstand sollte daher im Auge behalten werden. Die meisten Wasserpflanzen, allen voran die Seerosen, benötigen viel Sonne, um optimal blühen zu können, somit können Sie bei der Pflanzenauswahl aus dem Vollen schöpfen.

Teich am Haus

Für scheue Tiere ist es ein Vorteil, wenn der Teich in einem abgelegenen Gartenteil angelegt wird, doch sprechen auch viele Gründe dafür, ihn direkt neben dem Haus zu planen. Er bleibt immer im Blickpunkt und notwendige Pflegemaßnahmen können nicht übersehen werden. Libellen und Frösche sind jetzt die neuen Nachbarn. Der Teich rückt ins Zentrum des Gartengeschehens. Einen Überlauf mit Anschluss an einen Sickerschacht müssen Sie auf jeden Fall einplanen, damit das Wasser bei heftigen Regenfällen kontrolliert abgeleitet werden kann.

◀ Alles prima ausgedacht: ein gut geplanter Teich sorgt für einen reibungslosen Ablauf in der Bauphase.

▶ Statt mit einem Teich an einem schwierigen Standort zu experimentieren sind alternative Lösungen wie Wasserspiele manchmal die bessere Idee.

Schattiger Teich

Teiche behaupten sich erstaunlich gut in schattigen Gartenbereichen. Zwar müssen Sie, was die Blütenfülle anlangt, Abstriche machen und auch auf so manche Klassiker wie Seerosen verzichten, doch kann die fehlende Blütenfülle im Teich gut durch Schatten liebende Blütenstauden am Ufer ausgeglichen werden. Sind die Wasserverluste durch Verdunstung bei Sonnenteichen mitunter beachtlich, so werden sie im Schatten kaum je zum Problem. Auch die kühlere Wassertemperatur wirkt sich positiv auf das Teichleben aus. Das reduzierte Lichtangebot bewirkt auch, dass sich die lichthungrigen Fadenalgen nicht so rasch ausbreiten können. Ein Laubschutznetz sollten Sie im Herbst auf jeden Fall über dem Teich spannen.

Bäume und Sträucher

Gehölze sind Sonnen-, Sicht- und Windschutz zugleich. Sträucher sorgen außerdem für eine natürliche Kulisse. Bäume sollten bei Teichen immer an der windabgewandten Seite gepflanzt werden, um den Laubeintrag im Herbst so gering wie möglich zu halten. Achten Sie auch darauf, Bäume oder Sträucher nicht direkt an den Folienrand zu setzen, sondern mindestens zwei Meter Abstand zu halten. Bäume entwickeln sich nicht nur oberirdisch prächtig, sie üben auch einen enormen Wurzeldruck aus. Lärchen in Teichnähe sind keine gute Idee: ihre Nadeln rieseln selbst durch ein Laubschutznetz hindurch.

Strom und Wasser

**Beim Teichaushub werden notwendige Stromleitungen gleich miteingegraben.
Hierbei sind besondere Vorsichtsmaßnahmen zu beachten.**

- **Alle Arbeiten dürfen nur von qualifizierten Fachfirmen ausgeführt werden.**
- **Die verwendeten Erdkabel müssen für den Außenbereich zugelassen und in stabilen Schutzrohren in Sand mindestens 50 cm tief verlegt werden.**
- **Elektroinstallationen im Wasser für Scheinwerfer oder Tauchpumpen dürfen nur mit 12 oder 24 Volt Niederspannung betrieben werden.**
- **Für die Elektroinstallationen um den Teich sollte ein eigener Stromkreis mit FI-Schalter-Absicherung verlegt werden.**
- **Gartensteckdosen sollte man am besten in Schächten oder verschließbaren Kästen verbauen, um kein Risiko einzugehen.**

▼ Gute Planung ist wie ein Blick in die Zukunft: wie soll sich der Teich in fünf oder zehn Jahren entwickelt haben?

Rund oder eckig? Auf die Form kommt es an

Teiche in der Natur kennen keine eckigen Formen. Ihre Uferlinien sind das Ergebnis eines Wechselspiels zwischen der Erosionskraft des Wassers und dem Eintrag von Erde. Kleine Tümpel haben meist eine einfache ovale Form, größere Teiche zeichnen sich durch geschwungene Uferlinien aus, mit Buchten und Halbinseln. Soll im Garten ein möglichst natürliches Bild entstehen, ist Fingerspitzengefühl beim Feinmodellieren gefragt. Zu extreme Ausformungen von Buchten oder „Nasen" wirken unnatürlich. Es ist sehr hilfreich, die geplante Uferlinie mit einem Gartenschlauch aufzulegen oder mit hellem Sand anzuzeichnen und von einem erhöhten Standpunkt aus von oben zu betrachten.

Rund und geschwungen

Naturnah angelegte Teiche mit runden Formen drängen sich dem Auge nicht auf, wirken natürlich und fügen sich gut in den Garten ein. Bachläufe passen besser zu einem solchen Teich als zu einem künstlichen Becken. Abdichtung und Bau lassen sich durch die flexiblen Folien einfach durchführen und sind meist kostengünstiger als ein geplantes Becken. Übergänge von der Flachwasser- und Sumpfzone lassen sich besonders gut modellieren und mit dem Ufer verbinden, fließende Grenzen zwischen Teich und Umgebung sind leicht realisierbar.

▲ Durch die Einfassung aus Pflastersteinen tritt die geschwungene Uferlinie noch deutlicher hervor.

▼ Ein kreisrundes Wasserbecken lässt sich hervorragend mit geschwungenen Wegen und runden Sitzplätzen kombinieren.

Geometrische Formen

Formale Gartenteiche haben in der Gartenkunst eine viel längere Tradition als Folienteiche. Bei der Gestaltung von Becken wie Einfassung stehen die unterschiedlichsten Materialien wie Beton, Stein, Metall oder Fliesen zur Verfügung. Schaumsprudler, Wasserglocken oder andere Effektdüsen kommen im formalen Rahmen besser zur Geltung als in einem Naturteich. Architektonische Becken lassen sich auch im kleinsten Maßstab gut realisieren. Sie eröffnen ein weiteres Feld: Hochteiche verringern die Distanz zum Betrachter, und ein breiter Beckenrand lädt zum bequemen Sitzen direkt in Wasserhöhe ein. In formalen Gartenteichen fühlen sich Exoten wie Lotusblumen wohler, weil Wasserstand und Pflege sich nur nach ihren Ansprüchen richten können. Durch praktische Auslässe am Boden kann das Wasser im Herbst rasch abgelassen, das Becken gut gesäubert und winterfest gemacht werden.

Formsache

Nach welchen Gesichtspunkten soll man die Größe und die Form eines Beckens auswählen? Gibt es Bezugspunkte in Ihrem Garten, die eine Vorgabe sein könnten?

- **Wegelinien, Hausfluchten oder Sitzplätze geben häufig eine Grundform oder Linienführung vor.**
- **Die Dimensionen des Beckens müssen mit Haus oder Sitzplatz abgestimmt werden, seine Proportionen sollten ausgewogen sein.**
- **Geometrische Formen lassen keine Ungenauigkeiten zu. Die Verarbeitung der verwendeten Materialien verlangt daher nach einer perfekten Umsetzung. Fehler wirken später immer störend und müssen beim Bau vermieden werden.**

▲ Durch Mauer und Sichtschutzwand lag bei der Planung eine geometrische Grundform für das Becken nahe.

▼ Haus, Balkon und in Beckenbauweise ausgeführter Schwimmteich – besser eckig als geschwungen.

Sicherheit geht vor

▲ Teiche sind nicht nur im Sommer eine Gefahr für Kleinkinder, sondern auch im Winter bei dünner Eisdecke.

▼ Ein Handlauf gibt beim Ein- und Ausstieg in den Schwimmteich die nötige Sicherheit, rutschfeste Stufenbeläge ebenso.

▲ Seile, Rutschen und Schaukeln erhöhen den Spaß am Wasser enorm, eine regelmäßige Überprüfung der Spielgeräte darf nicht übersehen werden.

◀ Durch die wellenförmige Struktur und die schmiedeeisernen Seerosenblätter wird das von einem Kunstschmied angefertigte Schutzgitter selbst zum Blickfang.

Kinder

Das Thema Sicherheit rund um den Teich ist immer brisant, stehen doch Unfälle am Wasser bei Kindern an oberster Stelle in der Statistik. Solide Einzäunungen sind zwar ein unüberwindbares Hindernis für Kleinstkinder, sie bleiben es aber nicht lange. Für größere Kinder sind Zäune mehr Herausforderung als Barriere. Selbst wenn sich die eigenen Sprösslinge an Verbote halten, können Sie nie wissen, was in den Köpfen anderer Kinder vorgeht, die zu Besuch kommen. Ein Zaun verringert also das Risiko für Kleinkinder, ist aber keine Garantie für absolute Sicherheit. Planen Sie daher Teiche immer an einer übersichtlichen Stelle, die Sie gut im Auge behalten können.
Kleine Biotope oder Wasserbecken können mit einem stabilen, waagrechten Gitter knapp unter der Wasseroberfläche abgesichert werden.

Erwachsene

Auf Stein- oder Holzoberflächen wie Einstiegsleitern in Schwimmteichen bilden sich bald rutschige Algenbeläge, griffige Oberflächen sind glatten daher unbedingt vorzuziehen. Speziell für Stege bieten sich geriffelte Bretter an, die gut zu begehen sind und schnell abtrocknen. Bei Trittsteinwegen, Einstiegstreppen oder Brücken aus Naturstein sollten Sie auf sandgestrahlte Oberflächen zurückgreifen. Größere Teiche werden im Winter gerne zum Schlittschuhlaufen oder Eishockeyspielen genutzt. Es gelten dieselben Regeln wie auch bei anderen Natureisflächen: Nur nach einer sehr langen Kälteperiode und gewissenhafter Prüfung auf genügend Tragfähigkeit steht dem Vergnügen auf dem Eis nichts mehr im Wege.

Tiere

Auch Fische passen ins Beuteschema von Katzen. Zwar sind die Vierbeiner im Wasser recht ungeschickt, doch vom Ufer aus lässt sich einiges anstellen. Hunde lieben es, beim Baden auch in lockerer Erde oder im schottrigen Teichufer zu graben. Die so freigelegte Folie kann leicht Opfer Ihrer scharfen Krallen werden. Verzichten Sie im Garten auf Pestizide, chemische Reinigungsmittel oder schnell lösliche Düngemittel. Wind und Regen tragen oder schwemmen vieles in den Teich, Wasserlebewesen reagieren sehr empfindlich darauf.

Vorsicht! Giftpflanzen

Je kleiner die Kinder, desto größer die Gefahr. Bei Krabbelkindern ist höchste Vorsicht geboten, ältere Sprösslinge sollten Essbares von Giftigem unterscheiden lernen. Für alle Kinder gilt: Koste niemals etwas, das Du nicht kennst! Auf folgende sehr stark bis tödlich giftige Pflanzen im Garten ganz zu verzichten:

- Eisenhut *(Aconitum napellus)*
- Eibe *(Taxus baccata)*
- Pfaffenhütchen *(Euonymus europaeus)*
- Goldregen *(Laburnum anagyroides)*
- Seidelbast (*Daphne*-Arten)
- Herbstzeitlose *(Colchicum autumnale)*
- Thuje (*Thuja*-Arten)
- Wunderbaum *(Ricinus officinalis)*
- Stechpalme *(Ilex aquifolium)*
- Stechapfel *(Datura stramonium)*
- Maiglöckchen *(Convallaria majalis)*
- Tollkirsche *(Atropa belladonna)*
- Zaunrübe (*Bryonia*-Arten)
- Wasserschierling *(Cicuta virosa)*
- Gottesgnadenkraut *(Gratiola officinalis)*

Dichtungsmaterial und Zubehör

Folienstärken und Materialunterschiede

Am Markt werden mittlerweile Folien in sehr unterschiedlicher Qualität und einer großen Bandbreite an Stärken angeboten. Am meisten verbreitet sind PVC-Folien (Polyvinylchlorid). Sie lassen sich sowohl unter Einsatz eines Lösungsmittels kalt quellschweißen als auch thermisch schweißen und kleben und können von ambitionierten Hobbygärtnern selbst verarbeitet werden. Bei kalter Witterung werden PVC-Folien steif, ein Verlegen gestaltet sich schwierig. Durch das Verflüchtigen der Weichmacher im Laufe der Jahre verlieren sie ihre Elastizität und werden spröde. EPDM-Synthesekautschukplanen (Ethylen-Propylen-Dien-Mixture) bleiben auch nach Jahren unverändert elastisch, sind sehr belastbar und lassen sich auch bei tieferen Temperaturen gut verlegen. Sie sollten jedoch, wie auch FPO (flexible Polyolefine)- oder TPO (thermoplastische Polyolefine)-Planen, besser vom Fachmann maßgefertigt werden und sind um einiges teurer.

Folien und Becken schützen

Ein Schutzvlies aus Polypropylen (200-600 g/m²) zwischen Boden und Folie verhindert, dass spitze Steine im Untergrund der Abdichtung Schaden zufügen können. In Gegenden mit vermehrtem Vorkommen von Wühlmäusen können Sie unter das Vlies ein geeignetes Schutzgitter einlegen. Für Schalenteiche benötigen Sie feinen Bausand zum Einschlämmen.

Schalenteiche

Fertigbecken und -teiche aus PE (Polyethylen) oder glasfaserverstärktem Polyester sind einfach einzubauen, formstabil und langlebig. Mit kantigen Fertigbecken in geometrischen Formen lassen sich auch formale Wasserbecken kostengünstig, einfach und rasch verwirklichen. Individuelle Anpassungen wie bei Folienteichen sind nicht möglich, Tiefe, Zoneneinteilung und Uferlinien sind fix vorgegeben.

▲ Um die Folie zu schonen, sollte sie zur Gänze durch eine Abdeckung mit Kies oder einem anderen Material vor UV-Strahlung geschützt werden.

▼ Bei normalen Teichen empfiehlt sich eine Folienstärke von 1 mm, bei Schwimmteichen haben sich Stärken zwischen 1,2 bis 1,5 mm bewährt.

Materialliste für den Teich

Damit Sie beim Teichbau zügig vorankommen, sollten Sie zuvor abklären, was noch zu besorgen ist. Für manches gibt es Alternativen, Improvisation ist gefragt, anderes ist *unbedingt* erforderlich.

- Spaten, Schaufel, Spitzhacke, Rechen/Harke
- Minibagger bei größeren Teichen
- Schubkarre
- Wasserwaage/Richtlatte oder Schlauchwaage zum Ermitteln des künftigen Wasserstandes
- Maßband
- Markierspray oder heller Sand zum Anzeichnen der Teichzonen
- angespitzte Holzpflöcke (ca. 30 cm) und Hammer
- Vlies und Folie
- Schotter und Teichsubstrat
- Wasserpflanzen und Uferbegleitstauden
- Wasseranschluss und Gartenschlauch zum Füllen

bei Bedarf

- Hacke/Axt (Entfernen von Wurzeln)
- Holzbretter (Weg für Schubkarre schont bestehenden Rasen)
- Kabeltrommel (für elektrische Geräte, z. B. beim Schweißen der Folie)
- Stampfer (Verdichten zu lockeren Untergrundes)
- Sand (verbesserte Feinplanie)
- Abdeckplane (Regenschutz für Aushub und Teichmulde)

Was Sie für den Teichbau brauchen

Händisches Graben lohnt sich nur bei kleinen Teichen bis etwa 20 m^2, größere sind besser mit einem Bagger auszuheben. Fürs händische Ausheben brauchen Sie Spaten, Schaufel und Schubkarre, bei felsigem Untergrund werden Sie um eine Spitzhacke nicht herumkommen. Hartnäckige dickere Wurzeln lassen sich mit einer gewöhnlichen Axt abhacken. Für die Feinplanie der Teichmulde leistet ein Rechen gute Dienste. Ein Maßband zum Übertragen der Werte vom Plan in die Natur darf ebenfalls nicht fehlen. Eine lange Wasserwaage oder Schlauchwaage sind für die Wasserstandskontrolle wichtig.

▲ Formschöne, geometrische Becken lassen sich mit Klinkern aufmauern, die Abdichtung erfolgt durch eine Folie.

▲ Verlegen Sie dunkle Folien lieber morgens oder abends, denn sie heizen sich in der Sonne unangenehm auf.

▲ Erst wenn ein genauer Plan vorliegt, sollten Sie die Einkaufsliste erstellen.

Folienteich selbstgebaut

▲ Überblicken Sie die Form des Teiches noch einmal von oben, bevor Sie mit dem Aushub beginnen.

▼ Den Aushub größerer Teiche überlässt man am besten einem Bagger, die Feinplanie kann man aber auch selbst bewerkstelligen.

▲ Dank der breiten Bahnen geht das Ausrollen des Schutzvlieses rasch und problemlos.

▼ Sie sollten Geduld mit Ihrem Jungteich haben, denn es braucht seine Zeit, bis sich ein stabiles Gleichgewicht eingependelt hat.

◀ Erst nach Jahren sieht man, ob sich der Plan erfüllt hat oder ob der Teich seine eigenen Wege ging.

▶ Ein Teich mit unterschiedlichen Zonen bietet viel Lebensraum für unterschiedliche Pflanzen und Tiere.

Vorbereitungen

Alle Zufahrten für den Abtransport des Aushubs müssen vor dem Bau freigeräumt werden. Schneiden Sie tiefstehende Äste oder überhängende Sträucher oder Stauden, die die Zufahrt verschmälern oder beengen, ab. Minibagger benötigen eine Zufahrtsbreite von mindestens 80 cm. Falls die Zufahrt zu schmal sein sollte, können Sie einzelne Zaunfelder neben der Baustelle während der Grabarbeiten aushängen oder den Bagger mittels einem Autokran über den Zaun heben lassen. Auf Bewässerungsrohre, Telefonkabel, Stromzuleitungen, Abwasserkanäle oder andere Hindernisse im Boden muss Rücksicht genommen werden.

So viel Folie brauchen Sie

Der Quadratmeterbedarf kleiner Teiche mit ovaler oder nierenförmiger Form lässt sich einfach ermitteln. Bei größeren Teichen sollte das Teichprofil genau gemessen werden.

Folienbedarf

Teichbreite + 2 × Tiefe + 2 × 40 cm Überlappung (Ränder) × Teichlänge + 2 × Tiefe + 2 × 40 cm Überlappung (Ränder)

Beispiel

Für einen Teich mit der Größe 4 × 6 m und einer Tiefe von 80 cm brauchen Sie eine Teichfolie mit den Maßen 6,4 m × 8,4 m (53,76 m²)

Der Teich nimmt Formen an

Mit einem Eimer hellem Sand oder Markierspray lässt sich die Uferlinie am besten anzeichnen. Ein paar durch Holzpflöcke markierte und vom Plan ins Gelände übertragene Richtpunkte lassen sich mit Sand oder einer dicken Gartenschnur per Hand rasch zu einer Uferlinie verbinden. Fehler können Sie mit einem Rechen schnell wieder verwischen und den Verlauf neu anzeichnen.

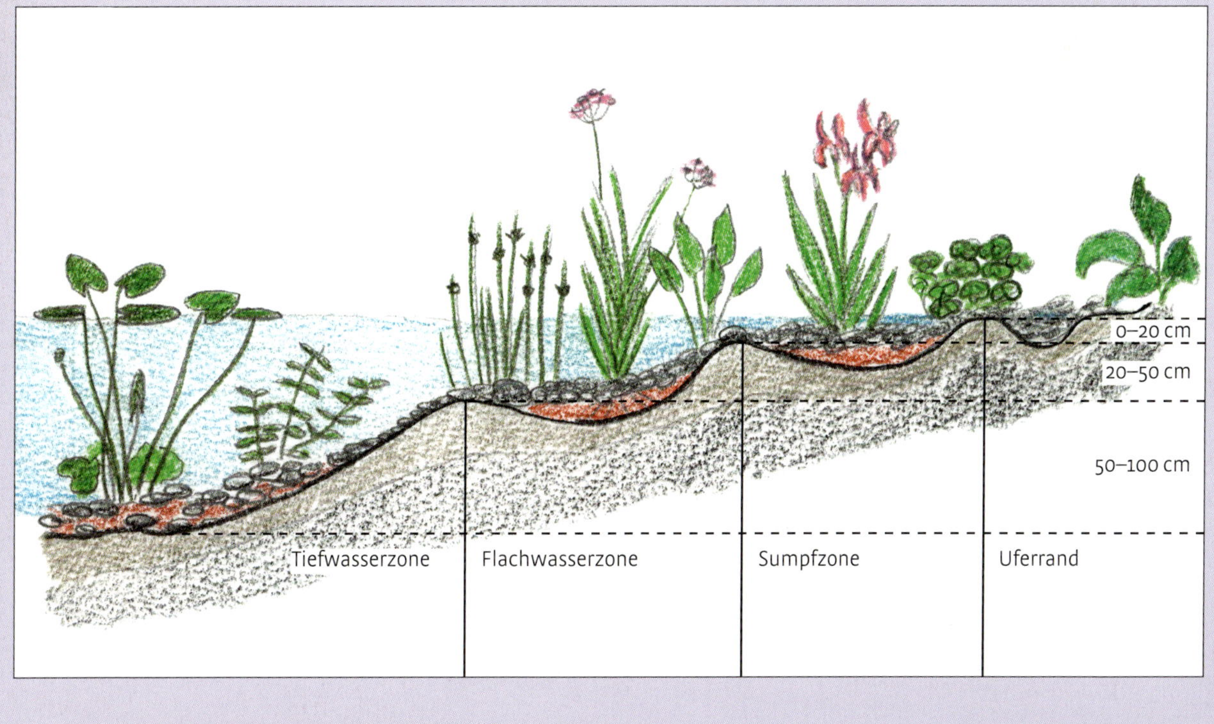

Teich ausheben

Soll der Teich auf einer Rasenfläche entstehen, so heben Sie zunächst mit einem Spaten die Grasnarbe der gesamten, angezeichneten Teichfläche ab. Beim Graben fungieren mit einer Wasserwaage eingewogene Holzpflöcke entlang des Ufers als Richtmarken. Sie werden genau bis auf ein Niveau von 10 cm über dem endgültigen Wasserstand eingeschlagen. Mit darüber gelegter, langer Richtlatte, Wasserwaage und Zollstock können Sie ermitttteln, wie tief Sie noch graben müssen. So fängt man zuerst mit der Sumpf- und Flachwasserzone an, zuletzt wird die Zone ab 30 cm Tiefe bis zur Teichsohle gegraben. Mit dem Aushub lässt sich auch gleich das Gelände um den Teich gestalten. Das spart Transportkosten und eröffnet viele Möglichkeiten zur Geländemodellierung. Ein sanfter Hügel gibt etwas Wind- und Sichtschutz und bietet Gelegenheit für einen Bachlauf oder geschützten Sitzplatz mit „Rückendeckung".

Teichprofil vorbereiten

Die Übergänge zwischen den einzelnen Zonen können sanft verlaufen oder stufenförmig modelliert werden. Zu abrupte steile Geländestufen haben ihre Tücken: Sie können nur schwer mit Substrat und Steinen abgedeckt werden und lassen Sumpf- und Flachwasserzone sehr schmal ausfallen. Besonders üppig entfaltet sich das Teichleben im seichten Wasser, besser entwickeln sich daher Teiche mit abgeflachten Teichböschungen, wo die Flachwasserzone im Böschungsverhältnis 3:1 (1 m Höhendifferenz auf 3 m Länge) oder flacher gegraben wurde.

Schutz durch Sand

Felsiger Untergrund und spitze Steine können die Abdichtung beschädigen. Manchmal treten selbst nach dem Abrechen noch immer gefährlich spitze Steine zu Tage. Als Schutzschicht können Sie eine etwa 5 bis 10 cm dicke Sandschicht aufbringen. In diesem Fall muss der Teich natürlich entsprechend tiefer gegraben werden, um die erwünschte Wassertiefe zu erreichen. Gewöhnlicher, billiger Kabelsand ist für diesen Zweck völlig ausreichend. Auch zu lockerer Untergrund ist problematisch, weil die Folie unter dem Gewicht des Wassers noch nachgibt. So wird die Folie erst recht gegen Steine gedrückt. Hier hilft ein Stampfer, der den Untergrund genügend verdichtet.

Vlies verlegen

Ein Schutzvlies sollte auf keinen Fall fehlen. Bewährt hat sich ein 200–300 g/m² starkes Geotextilvlies aus Polypropylen, das in zwei und vier Meter breiten Rollen im Handel erhältlich ist und sich leicht mit einem Cutter oder scharfen Messer schneiden lässt. Die Bahnen sind schnell ausgerollt und mit etwa 30 cm Überlappung verlegt. Wenn Sie die Bahnen punktuell mit einem Industriefön zusammenschweißen, können sie beim nachfolgenden Verlegen der Abdichtungsplane nicht mehr verrutschen. Außerhalb des Teiches wird das Vlies an den Rändern mit einigen Holzpflöcken fixiert.

Folie verlegen

Am besten lassen Sie sich die Folie für große Teiche von einer Fachfirma nach Maß anfertigen. Kleine Teiche mit wenigen Schweißnähten können Sie aber auch vor Ort selbst schweißen. Dafür ist aber einiges an Erfahrung und ein sauberer, fester Untergrund wie eine große Betonfläche nötig. Bei größeren Teichen kommt bei einer maßangefertigten, zusammengerollten Plane einiges an Gewicht zusammen, deswegen sollten beim Verlegen mehrere Personen mithelfen. Breiten Sie zunächst einmal die Folie in der Teichmulde ganz aus. Versuchen Sie in einem zweiten Schritt, die beim Hineinlegen entstandenen Falten zu wenigen großen Überlappungen zu vereinen. Am Schluss fixieren Sie die Folie an den Rändern mit schweren Steinen oder Holzpflöcken, damit der Wind sie nicht verblasen kann.

Kies und Substrat einbringen

Damit sich die Pflanzen in Ihrem Teich gut entwickeln, brauchen sie ein Substrat, in dem sie wurzeln können. Fertig abgesackte Teicherdemischungen sind sehr nährstoffreich und speziell für Pflanzkörbe gedacht, in die Nährstoffzehrer wie Seerosen gesetzt werden. Für gewöhnliche Teichpflanzen mit durchschnittlichem Nährstoffverbrauch hat sich ein Gemisch aus kalkfreiem Sand (z. B. Quarzsand) mit nährstoffarmem Ton im Verhältnis 3:1 bewährt.
Das Substrat ist nicht überall, sondern nur an jenen Stellen nötig, wo später Pflanzengruppen gesetzt werden. Folie und Substrathaufen werden mit einer 10 bis 20 cm starken Kiesschicht mittlerer Körnung (z. B. 8–16 mm) abgedeckt.

▼ Teichsubstrat wird nur dort aufgebracht, wo auch Pflanzen wurzeln sollen, um das Wasser nicht unnötig mit Nährstoffen zu belasten.

▲ Das thermische Schweißen der Folie mit einem Industriefön sollten Sie Profis überlassen.

▲ Eine Kies-Abdeckung schützt nicht nur die Folie vor schädlicher UV-Strahlung, sondern dient auch den Pflanzen als Wurzelraum.

Einbau eines Schalenteiches

Anzeichnen der Form

Stellen Sie das Becken in gewünschter Lage auf. Mit einer Latte messen Sie vom Beckenrand etwa alle halben Meter mit Hilfe einer Wasserwaage senkrecht nach unten und markieren die Punkte am Boden mit hellem Sand. Einer mit dem anderen verbunden ergibt die Uferlinie. Jetzt zeichnen Sie noch die Bodenplatte als tiefste Stelle an. Bei kleinen Einbaubecken bis 5 m² rechnen Sie von den angezeichneten Linien am Boden gut 30 cm Übermaß nach außen dazu, bei größeren geben Sie einen halben Meter rundum zu. So haben Sie später genügend Spiel, um das Becken optimal in die Grube einbauen zu können.

Berechnung der Tiefe

Damit sich eine Ausgleichsschicht Sand und das für den Einbau notwendige Spiel ausgeht, müssen Sie die Teichsohle gut 15 cm tiefer graben als das Becken hoch ist. Die Aushubtiefe für ein Fertigbecken mit einer Einbautiefe von 70 cm beträgt 85 cm (70 cm + 10 cm Sandschicht + 5 cm Spiel).

Grube ausheben

Als ersten Schritt heben Sie die oberste Grasnarbe mit einem Spaten ab. Ein provisorischer Schubkarrenweg aus Holzbrettern schont beim Abtransport den bestehenden Rasen. Von der Mitte aus arbeitet man sich zu den Rändern hin vor, wobei es notwendig sein kann, mit einem Maßband gelegentlich nachzumessen. Prüfen Sie Tiefe, Breite und Länge der einzelnen Zonen beim Fertigbecken und graben Sie 15 cm tiefer (siehe Berechnung der Tiefe oben) aus. Richtlatte und Wasserwaage helfen Ihnen, den Boden der Teichgrube und die Randzone schön gerade zu graben. Besteht ein Becken aus vielen einzelnen Abstufungen, so gräbt man

▲ Graben Sie die Uferlinie eine Handbreit größer als die tatsächliche Schalenform aus, um genügend Spiel beim Einpassen zu haben.

▼ Am besten lässt sich der Schalenteich einbauen, wenn Sand als Ausgleichsschicht in die Teichsohle eingebracht wird.

▲ Die Wasserwaage sorgt für eine perfekte, ebene Teichsohle.

ein verlaufendes Teichprofil, ohne genau auf Stufenkanten zu achten. Die Hohlräume werden später einfach mit Sand eingeschlämmt.

Teichbett vorbereiten

Nach den groben Aushubarbeiten müssen Sie mit einem Rechen die Teichgrube von allen spitzen Steinchen und Wurzeln befreien und unebene Stellen begradigen und glätten. Auf die Grubensohle bringen Sie mit Schaufel und Rechen eine 10 cm dicke Sandschicht ein. Sie dient zum Schutz des Beckens und als Ausgleichsschicht für einen unebenen Boden. Damit das Becken fachgerecht eingebaut werden kann, müssen Sie mit einer Wasserwaage den Boden der Teichsohle eben abziehen.

Der Einbau des Fertigbeckens

Zu zweit lässt sich ein Fertigbecken bequem in die Teichgrube heben. Der Beckenrand sollte sich ein paar Zentimeter unter dem endgültigen Niveau befinden. So haben Sie beim Einbau genügend Spiel nach oben hin. Füllen Sie den Teich 30 cm tief mit Wasser auf. Nach zwei Stunden hat sich das Erdreich unter dem Teich so weit stabilisiert, dass es zu keinen großen Senkungen mehr kommt und mit dem Einschlämmen begonnen werden kann. Kontrollieren Sie vorher nochmals, ob sich das Becken in der Waage befindet, und nivellieren Sie den Boden gegebenenfalls neu. Füllen Sie nun Sand in die Hohlräume zwischen Beckenwand und Erdreich. Beim Einschlämmen sollte man behutsam mit einem schwachen Wasserstrahl vorgehen, damit sich die Grube nicht mit Wasser füllt und das Becken aufschwimmt. Ist das Wasser eingesickert, den Sand am besten mit den Händen nachstopfen und erneut einschlämmen. Hat alles geklappt, können Sie das Becken füllen. Lassen Sie es aber noch einige Tage ruhen, ehe Sie mit der Ufergestaltung beginnen.

Schief gelaufen

Wenn das Becken nach einer Seite hängt, wurde beim Planum der Teichsohle unsauber gearbeitet. Manchmal ist aber vor allem bei frischen Aufschüttungen das Erdreich sehr locker. Hier hilft ein Bodenstampfer, um einen genügend soliden Untergrund zu schaffen.

▼ Kleinere Becken lassen sich auch alleine heben und einbauen.

▼ Jetzt kann das Becken eingefüllt werden. Gibt es keine Setzungen mehr, fehlt nur noch die Bepflanzung und Randgestaltung.

▲ Eine Wasserwaage dient zur Kontrolle, während das Becken seitlich eingeschlämmt wird.

Die Ufergestaltung

◀ Taglilien sind robuste Stauden mit langer Blütezeit, deren frischgrüne, üppige Blattschöpfe gut zum Ufer passen.

▼ Fühlt sich in der Flachwasserzone wohl und ist ein wertvoller Sommerblüher: das Hechtkraut.

▼ Eine geschickte Pflanzenauswahl bringt das ganze Jahr über Farbe ans Teichufer.

▼ Als markante Abgrenzung gegen die Rasenflächen wurde hier eine Reihe Großpflastersteine verwendet.

Abwechslungsreich, mit pfiffigen Ideen und dem nötigen Feingespür bepflanzt bindet der Ufersaum den Teich optimal in den Garten ein. Rasen im Anschluss an einen Teich wirkt meist allzu künstlich und der Teich bleibt im Garten isoliert. Fließende Übergänge von der feuchten Sumpfzone zum „trockenen" Ufer außerhalb des Teiches schaffen eine natürliche Kulisse. Die Möglichkeiten gehen weit über eine gelungene Pflanzenwahl für den Ufersaum hinaus. Ein gepflasterter Weg, eine Gartenbank oder eine Pergola für den Sichtschutz, schöne Findlinge, ein Sitzplatz oder Holzsteg ... es gibt viele Möglichkeiten das Ufer attraktiv zu planen.

Ufergestaltung bei Folienteichen

Bevor Sie den Teich rundum mit Pflanzen gestalten, müssen alle anderen Arbeiten abgeschlossen sein. Die Ränder von Folienteichen sollten trotz der UV-Beständigkeit aller modernen Abdichtungsmaterialien auf jeden Fall mit Steinen abgedeckt werden. Durch die dunkle Farbe heizt direkte Sonne im flachen Uferbereich das Wasser außerdem übermäßig auf. Denken Sie daran, dass Wasserpflanzen rasch und üppig wachsen und Ihnen vielleicht schon bald die Sicht auf die freie Wasserfläche verwehren. Ein Holzsteg ist eine gute Möglichkeit, eine dauerhafte Verbindung zwischen Ufer und freier Wasserfläche zu erhalten, ein wenig großzügiger ausgeführt kann er auch als Sitzplatz dienen. Sonnensegel passen gut zu Holz und Wasser und werfen im Sommer kühlen Schatten, im Frühling oder Herbst, wenn kein Bedarf besteht, werden sie einfach ausgehängt. Mit größeren und kleineren Findlingen in der Sumpf- und Flachwasserzone bringen Sie Abwechslung in die sonst gleichförmig mit Kies bedeckte Fläche. Auch außerhalb des Teiches lockern sie das Ufer auf und bilden eine optische Brücke zwischen Teich und Umgebung. Im Flachwasserbereich erleichtert ein schmaler Weg aus Trittsteinen die Pflegearbeiten enorm. Eine Umwälzung des Wassers lässt sich nicht nur durch einen Bachlauf, sondern auch durch Quellsteine erreichen.

Kapillarsperre

Damit das Teichwasser an den Rändern nicht durch Erde oder von außen hineinwachsende Wurzeln aufgesogen wird, braucht es unbedingt eine bauliche Trennung, um den damit verbundenen, mitunter beträchtlichen Wasserverlust zu verhindern. Besser, als die Folie an den Rändern nur aufzustellen und lose mit Steinen zu befestigen, ist eine solide Variante. Etwa 30 cm breite Kunststoffbahnen aus biegsamen, 5 mm starken PE-Platten werden an den entlang der Uferlinie exakt eingeschlagenen Holzpflöcken etwa 5 cm über dem endgültigen Wasserstand angeschraubt. Nach Einrichten der Oberkante setzt man die Bahnen in ein Mörtelbett und streicht mit einer Maurerkelle auf beiden Seiten einen schmalen Mörtelkeil für eine bessere seitliche Abstützung an. Die Holzpflöcke können jetzt entfernt werden, die Folie wird darübergezogen.
Damit der Kies im Teich bleibt, kann zusätzlich noch eine Abgrenzung erfolgen. Ob eine Reihe Pflastersteine, Bandstahl oder Klinkersteine verwendet werden, ist reine Geschmacksache.

Ufergestaltung bei Schalenteichen

Zum Schutz vor UV-Strahlung müssen die Beckenränder mit Steinen lückenlos abgedeckt werden. Vor allem bei kleinen Teichen dürfen die Pflanzen für das trockene Ufer nicht zu starkwüchsig gewählt werden. Sie würden in kürzester Zeit die Ränder und Teile des Wassers überdecken und so seine Wirkung schmälern. Ein kleiner Drainagekiesstreifen um das Becken ist bei Schalenteichen wichtig. So können Wurzeln von außerhalb nicht einfach unbemerkt über den Teichrand ins Wasser wachsen, was einen permanenten Wasserverlust und ein ständiges Sinken des Wasserstandes zur Folge hat. Der Kiesstreifen wirkt auch als Barriere. Nährstoffreiches Oberflächenwasser oder Erde wird bei Regen nicht einfach in den Teich gespült, sondern versickert davor.

Der Ufersaum

Der Folienrand stellt eine scharfe Trennlinie dar: außerhalb der Kapillarsperre ist es so trocken wie im übrigen Garten auch. Durch geschickte Pflanzenwahl entstehen trotzdem fließende Übergänge. Der Ufersaum soll weder einem allzu gepflegten Beet gleichen, das so gar nicht zum Teich passen will, noch sollen wuchernde oder zu hohe Pflanzen den Blick verstellen. Hier eignen sich robuste, langlebige Blüten- und Blattschmuckstauden, die das ganze Jahr über schön bleiben und den Teichpflanzen in Wuchs und Charakter ähnlich sind. Bunte Blüten sind rund um den Teich immer willkommen. Sträucher komplettieren das Ensemble am Ufer, geben Schatten und Rückhalt und schaffen für viele Tiere einen wichtigen Rückzugsraum.

Blühende Ränder, grüne Ufer

Blütenstauden wie Weiße Schafgarbe *(Achillea ptarmica)*, Wasserdost *(Eupatorium cannabium)*, schmalblättrige Irisarten (z. B. *Iris sibirica*), Blut-Weiderich *(Lythrum salicaria)* oder Gold-Felberich *(Lysimachia punctata)* gedeihen auch gut in normal feuchtem Gartenboden und passen wunderbar zum Wasser. Für kleine Teiche sind zierlichere, kleinwüchsigere Stauden besser geeignet. Taglilien (*Hemerocallis*-Hybriden), Knöterich *(Bistorta officinalis)*, Gauklerblumen (*Mimulus*-Arten), Mädchenauge *(Coreopsis verticillata)* sind Beispiele für sonnige Standorte.

Im Schatten stehen mit Farnen und Blattschmuckstauden ganz besondere Pflanzen zum Begrünen des Ufers zur Verfügung. Blattriesen wie Schaublätter (*Rodger-*

▲ Raritäten im Moorbeet: Kannenpflanze, Sonnentau und Sumpffarn.

▶ Hier wurde die Kapillarsperre vergessen. Hoher Wasserverlust und wuchernde Algen im Teich sind die Folge.

sia-Arten) und Schildblätter (*Darmera*-Arten) machen sich gut im erweiterten Uferbereich größerer Teiche. Bei Schalenbecken und Minianlagen müssen auch die Uferstauden entsprechend kleiner dimensioniert sein. Niedrig bleibende Sorten von Funkien *(Hosta)*, Kriechendem Günsel *(Ajuga reptans)*, Jakobsleiter *(Polemonium caeruleum)* oder Frauenmantel *(Alchemilla mollis)* haben sich als Begleitstauden am Ufer gut bewährt. Am Wasserrand gedeihen Farne dank hoher Luftfeuchtigkeit besonders gut. Zusammen mit Gräsern, die durch ihre schlanke Gestalt und ihre zarten Ähren Abwechslung zwischen die großen Blattriesen bringen, sind sie das ganze Jahr über verlässliche Partner und schließen Lücken im Ufersaum. Vor Bambus und China-Schilf am Ufer sei jedoch eindringlich gewarnt. Ihre spitzen Rhizome durchstoßen mühelos Teichfolien.

▶ Abgrenzung durch eine Reihe Kleinpflastersteine – so bleibt der Kies im Teich.

▼ Steinfolien sehen schön aus und müssen nicht kaschiert werden

▲ In Mörtel gesetzt bilden die Pflastersteine eine stabile Abgrenzung zwischen Teich und Ufersaum.

Licht und Beleuchtung

Durch eine effektvolle Beleuchtung erstrahlen Brunnen, Wasserbecken oder Teiche auch abends, wenn Sie gemütlich den Tag ausklingen lassen wollen. Führt ein Weg an einem Teich vorbei, so sorgen Wegleuchten für Sicherheit. Die Bandbreite von Gartenleuchten reicht von verspielten Wasserlichteffekten mit Farbwechslern bis hin zur soliden, stromsparenden LED-Technologie. Während Halogenlicht ein durchwegs warmes, gelbliches Spektrum ausstrahlt, erscheinen Standard-LED-Leuchten in einem bläulichen, kalten Licht. Häufig sind LED-Leuchten mit Solarzellen gekoppelt. Das hat neben der Kostenersparnis auch den Vorteil, dass Sie keine Leitungen für die Stromversorgung graben müssen. Alle Leuchten, die mit 12 Volt Niederspannung betrieben werden, können unbedenklich im Wasser verwendet werden. Sehr beliebt sind große, opake Kugeln für den Uferbereich, die ein angenehm weiches, mattes Licht ausstrahlen. Mit Effekten und Licht sollten Sie im Garten sparsam umgehen. Für nachtaktive Insekten sind Gartenleuchten gefährliche Lichtfallen. Lassen Sie daher stärkeres Licht nicht mehr als zwei Stunden nach der Dämmerung eingeschaltet.

Zeitschaltuhr

Sparsamer Einsatz braucht intelligente Technologien. Zeitschaltuhren ermöglichen eine genaue, tagesaktuelle Programmierung für die ganze Woche. Sinnvollerweise sollten andere Verbraucher wie Quellsteine, Wasserspiele oder Bachläufe ebenfalls mit einer Uhr geschalten werden. Es gibt neben Bewegungsmeldern für Haus- und Wegleuchten auch Schaltuhren mit Sensoren: Das Licht schaltet sich dann bei Dunkelheit automatisch ein. Vermeiden Sie Lichtspiele, wenn Sie länger nicht zu Hause oder im Garten sind.

Strahler

Um einzelne Pflanzen, Skulpturen oder Objekte akzentuiert zu beleuchten wählen, Sie am besten Punktstrahler. Sie bündeln Lichtstrahlen und tauchen Wandbrunnen, Bachläufe, Gräser oder Bambus in ein magisches Licht. Sehr ungewöhnliche Effekte ergeben sich, wenn Objekte von unten angestrahlt werden, da man gewohnt ist, Licht immer von oben zu erwarten. Licht von unten wirft interessante Schatten an Mauer oder Sonnensegel. Verwenden Sie nur Strahler, die für den Außenbereich zugelassen sind und alle technischen Bestimmungen erfüllen (TÜV, GS und DIN-Normen).

Unterwasserstrahler

In einem Teich mit seinen unzähligen Wasserlebewesen und Mikroorganismen sollte man der Versuchung widerstehen, Unterwasserscheinwerfer einzubauen. Bei vielen Teichbewohnern kommt es zu massiven Irritationen. Ihr biologischer Rhythmus ist auf den normalen Tag-Nachtwechsel abgestimmt. Eine zusätzliche, starke Lichtquelle im Wasser ist somit ein großer Eingriff in die natürlichen Kreisläufe. Wasserbecken mit Seerosen oder einen einzelnen Quellstein im Kiesbeet können Sie ohne Bedenken gezielt beleuchten. Neuere Technologien schicken Licht ähnlich wie bei den Glasfaserlichtleitern direkt durch den Wasserstrahl. Der Effekt ist ein geheimnisvolles, schimmerndes Leuchten des ganzen Wasserstrahls. Im Wasser dürfen Sie nur Scheinwerfer verwenden, die mit Sicherheitstransformatoren und Niederspannung betrieben werden. Die Halogenlampen selbst sind in einem wasserdichten Gehäuse fest eingeschlossen.

◀ Wie schimmernde Seifenblasen treiben die Schwimmleuchten im Teich.

◀ In Kombination mit Unterwasserstrahlern bekommen Wasserspiele eine neue Qualität.

▲ In Position gebracht: Unterwasserstrahler lassen sich leicht verstellen.

▶ Mit einem drehbaren Spot können Sie gezielt Akzente setzen, wenn der Garten in der Dämmerung ins Dunkel abtaucht.

Deko-Ideen auf einen Blick

◀ Pagoden, Laternen, Brücken: Aus asiatisch angelegten Teichlandschaften sind sie nicht wegzudenken.

▶ Das Entenpaar scheint sich am Ufer des Teiches wohl zu fühlen.

▲ Kinder lieben es bunt! Bemalte Schneckenhäuser sehen lustig aus und bringen Farbe an den Brunnenrand.

▶ Deko-Materialien aus Stein sind witterungsbeständig und passen gut an den Teich.

Deko am Teich

Lieb gewonnene Fund- oder Sammelstücke wollen gesehen und bestaunt werden. Am Gartenteich mit seinen langen Ufern ist genügend Platz, um dem einen oder anderen Stück die nötige Aufmerksamkeit zu schenken. Besonders gut passen Gegenstände, deren Form, Farbe oder auch nur Geschichte einen Bezug zum Element Wasser hat. Ob vor allem natürliche Materialien wie Stein oder Holz gut wirken oder auch betont künstliche wie Niro oder Kunststoff, hängt von der Gestaltung des Teiches und seiner Umgebung ab.

Skulpturen und Figuren

Gemeißelt aus Stein, gegossen aus Bronze oder geschnitzt aus Holz? Gartencenter bieten heute eine große Vielfalt an Figurenschmuck für den Garten an. Das Thema Wasser ist ein weites Feld: Wassernixen, Frösche, Libellen, Enten, Motive aus der griechischen Sagenwelt – der Fantasie sind keine Grenzen gesetzt. Vielleicht werden Sie aber auch im Atelier eines örtlichen Künstlers – sei es ein Keramiker, Bildhauer oder Glaskünstler – fündig.
Kombiniert mit einem Wasserspiel sieht eine Figur nicht nur gut aus, das Wasser wird auch nebenbei umgewälzt und zusätzlich mit Sauerstoff angereichert. Die Planung muss jedoch schon frühzeitig beginnen. Notwendige Installationen wie Pumpenschacht, Zuleitungen oder Stromanschluss sollten noch während des Anlegens des Teiches gleich mitbedacht werden.

Bastelideen

Am Teich dominiert über weite Strecken im Jahr Grün in allen Schattierungen, auch wenn da und dort Blüten für Farbkleckse sorgen. Eine gute Möglichkeit, ein wenig mehr Farbe und bunte Fröhlichkeit ans Wasser zu bringen, sind selbst gebastelte Dinge. Das können neu gestrichene alte Gartenmöbel sein, knallig rot gefärbte, große Äste, die am Teichrand in den Himmel ragen, bunt bemalte Steine oder selbst gefärbte Stoffe für Windschirme, Decken, Kissen oder neu zu bespannende Liegestühle. Auch Mosaikarbeiten erfreuen sich einer wachsenden Fangemeinde. Vom Pflanzgefäß am Steg übers kleine Gartentischchen bis zum bunten Serviertablett ist alles möglich. Da ist es gedanklich nicht mehr weit bis zu den bunten Windlichtern, die einen Abend am Teich verzaubern können. Für den Gartenteich eigens ausgedacht scheinen aber Schwimmkerzen aller Art. Je nach Größe stellen halbe Nussschalen oder halbe Kokosnüsse die fahrbaren Untersätze, in denen die Flammen übers Wasser segeln. Sie lösen die gebastelten Schiffe und Flöße ab, die tagsüber hier verkehrt sind, und nun auf den nächsten spannenden Tag warten.

Deko-Sammelsurium

Selbst gemacht oder gekauft, selbst ausgedacht oder abgekupfert – hier ist unsere Sammlung an möglichen und unmöglichen Dingen für die Dekoration:

- **bizarre Steine, bunte Kiesel**
- **knorrige Äste, hohle Baumstämme**
- **Skulpturen und Wasserspeier**
- **Schönes aus Mosaik: Töpfe, Vogeltränken, Gartentisch**
- **Sammlung von Wasserschalen aus verschiedenen Materialien**
- **stimmungsvolle Beleuchtung, Laternen, Fackeln, Schwimmkerzen oder Windlichter**
- **farbig bemalte Hölzer oder Steine, bunte Stoffe oder Wimpel**
- **schöne Terrakottatöpfe für ein wenig mediterrane Leichtigkeit**
- **Schiffe, Boote, Flöße aus aller Herren Länder und Materialien**
- **Fundstücke von Strandspaziergängen: Muscheln, Treibholz, Anker**
- **Asiatische Deko: Laternen, Wasserspiele, Figurenschmuck**

Alles im Fluss – ein Bachlauf im Garten

Ein gleichmäßig geneigter Hang, wie er im Garten als Terrassenböschung häufig vorkommt, ist für den Bau eines Bachlaufes ohne Geländemodellierung wenig geeignet. Ein Bachlauf lebt vom unterschiedlichen Gefälle und einem abwechslungsreichen Streckenverlauf: Kurze, steile Abschnitte unterbrechen längere, flache Passagen. Vor dem Graben sollten Sie sich nach geeignetem Steinmaterial umsehen. Für die Ränder des Bachlaufes brauchen Sie schöne Findlinge oder andere Steine, die in Größe und Form zum Abdecken der Folie geeignet sind. Entscheiden Sie sich entweder für runde oder für kantige Steine, ein „von überall etwas" sieht selten gut aus. Für die Überläufe sind flache Steine oder solche mit einer mittigen Rinne ideal.

Bachbett ausheben

Beginnen Sie das Bachbett von unten zu graben. Mit Spaten und Schaufel lassen sich die Stufen für Überläufe und die Mulden für kleinere Anstaubereiche am besten modellieren. In flacheren Passagen können Sie ein oder zwei Kurven einplanen. Damit das Wasser auch nach Abschalten der Pumpe in den Anstaubereichen stehen bleibt und der Bachlauf somit dauerhaft bepflanzt werden kann, müssen Sie diese Mulden zumindest 20 bis 30 cm tief graben. Mit einem Rechen können Sie das Bachbett fein modellieren, bis keine Steine mehr aus dem Untergrund ragen.

Bachlaufbau

Verlegen Sie den Zuleitungsschlauch entlang des Bachlaufs so, dass er am oberen Ende gut einen Meter aus dem Boden ragt. Vorsicht beim Verlegen von Vlies und Folie! Denken Sie daran, dass Sie sowohl seitlich als auch in der Länge (Hochziehen der Folie bei den Überläufen!) genügend Reserve haben müssen. Verschaffen Sie sich jetzt einen Überblick über das Steinmaterial. Ob Steine für schöne Überläufe geeignet sind, testen Sie am besten mit der Gießkanne. Die größeren verbauen Sie im Bereich der Mündung, kleinere wandern nach oben. Nun beginnen Sie von unten nach oben mit dem Bau der Überläufe. Dabei wird die Folie hinter den Steinen so hochgezogen, dass sich kein Wasser seitlich vorbeimogeln kann. Es hat sich bewährt, die Steine in kalkausblühungsfreien Steinmörtel zu setzen. So haben Sie später keine Sorgen damit, dass sich Steine durch Tritte verschieben und der Bachlauf ausrinnt. Als Ursprung können Sie entweder einen Quellstein verwenden oder den Zuleitungsschlauch geschickt zwischen Steinen verstecken.

Das Bachbett selbst kann mit Fluss- und Kieselsteinen ausgelegt werden. An jenen Stellen im Randbereich des Anstaubeckens, wo Pflanzen vorgesehen sind, sollten kleine Gitterkörbe mit Substrat in den Kiesstreifen eingebaut werden.

Am nächsten Tag, wenn der Mörtel fest ist, schalten Sie den Bachlauf ein. Korrigieren Sie die Ränder und ziehen Sie die Folie dort hoch, wo es notwendig ist. Problemzonen sind die Bereiche bei Überläufen, wo es mitunter zu hohen Spritzwasserverlusten kommen kann. Schneiden Sie die Folie erst nach dem Probelauf etwa 10 cm über dem Wasserstand ab und vollenden Sie den Bachlauf. Die aufgestellten Folienränder müssen zwischen in Mörtel gesetzten Steinen gut stabilisiert werden.

Mit einigen Begleitstauden am Ufer und schönen Findlingen überdecken Sie nun die letzten freien Folienränder. Farne, Gräser und üppige Stauden passen besonders gut zu Naturteichen.

▲ Ein Überlaufstein muss nicht aus einem einzigen Block bestehen, sondern kann auch aus mehreren kleinen aufgemauert werden.

▼ Ein dynamischer Bachlauf lebt von seiner abwechslungsreichen Gestaltung zwischen ruhigen Passagen und Wasserfällen.

▼ Ein großer Findling dient als Ursprung. Der knicksichere Spiralschlauch wird zuletzt knapp unterhalb des Bohrloches abgeschnitten.

▲ Nach dem erfolgreichen Probelauf kann die Folie rundum abgeschnitten und mit Kies abgedeckt werden.

Kunststoffschalen

Einfacher als mit Folien lassen sich Wasserläufe aus Kunststoffschalen bauen. Sie können unkompliziert je nach Gegebenheiten als Modulsystem zusammengestellt werden. Für Überläufe und steilere Passagen sind Fallstufen mit fixen Einbautiefen zu verwenden, für flachere Streckenabschnitte gibt es Mulden für Stillwasserbereiche. Auf Gefälle und Niveau müssen Sie beim Einbau der starren Fertigschalen besonders achten, weil sie sich dem Gelände nicht wie Folien flexibel anpassen. Sie können beliebig viele Elemente miteinander kombinieren. Kunststoffschalen mit besandeter Oberfläche sehen etwas natürlicher aus als reine Steinimitationen.

Bachläufe mit Folien

Vor allem Bachläufe, die in Teiche münden, werden mit Folien gebaut. Das Abdichtungsmaterial ist meist schon vor Ort (Folienreste vom Teichbau) oder kann leicht beschafft werden. Auch im Ausbau und in der Gestaltung ist mehr Spielraum gegeben als bei Kunststoffschalen. So können Sie etwa die Form und Breite des Bachbettes und die Überläufe individuell gestalten. Kein Bachlauf gleicht dem anderen. Bachläufe mit Folien erfordern einiges an Erfahrung und Know-how. Neben der besonderen Sorgfalt beim Auftreiben von geeignetem Steinmaterial ist vor allem die fachgerechte Ausgestaltung der Ränder wichtig.

Wasserfall

Mehr Dynamik als plätschernde Bäche bringen Wasserfälle. Beim Überlauf von Bachläufen fließt das Wasser sanft über einen geneigten Stein, bei einem Wasserfall stürzt es in die Tiefe. Während man bei einem Überlauf nur ein leises Plätschern oder Glucksen hört, rauscht und platscht es schon bei einem kleinen Wasserfall. Geeignet sind flache Steine oder Platten,

◀ Aus Fertigschalen lassen sich einfache Bachläufe bauen.

▶ Mit einer in der Förderleistung regulierbaren Pumpe können Sie die optimale Einstellung herausfinden, bei der Ihr Bachlauf am besten wirkt.

▶ Versteckt hinter einem Stein: Kippschalter und Stromanschluss für die Pumpe.

die mit einem leichten Überhang gesetzt werden. Je größer die Fallhöhe und je mehr Wasser über die Kante fließt, desto lauter das Rauschen. Spektakulär wirken Wasserfälle, wenn sie sich in einen darunterliegenden Teich ergießen. Nur Pumpen mit genügend Leistung sind in der Lage, solche Wasserfälle zur Geltung zu bringen, denn sie wirken vor allem durch die richtig dosierte Wassermenge (Pumpen siehe Seite 68 ff.).
Bei Wasserfällen, aber auch bei Bachläufen, dürfen Sie den erhöhten Wasserverlust durch Verdunstung und Spritzwasser nicht außer acht lassen. Fließt Wasser in einem dünnen Film stetig über von der Sonne erhitzte Steine, so ist ein Senken des Wasserstandes im Dauerbetrieb von einem Zentimeter und mehr pro Tag nicht selten. Mit einer Zeitschaltuhr können Sie den Kreislauf am besten regeln. Tagsüber, wenn niemand zu Hause ist, in Ruhephasen (in der Nacht!) oder in der schlimmsten Mittagshitze im Sommer können Bachlauf oder Wasserfall abgeschaltet werden.

Probleme beim Bau

Frisch geschüttete Hänge haben ihre Tücken. Der Untergrund hat sich noch nicht genügend stabilisiert, Setzbewegungen bringen Probleme mit sich. Hier sollten Sie unbedingt mit einem Stampfer verdichten. Eine unsachgemäße Ausgestaltung der Ränder führt unweigerlich zu einem hohen Wasserverlust. Bei Unsicherheiten lassen Sie mehr Folie als nötig als Überstand stehen, abschneiden können Sie sie später immer noch. Manchmal tauchen erst nach einem Jahr unerwartete Probleme auf. Durch einen achtlosen Tritt auf einer Stelle mit knapp bemessener Folie kann der Bachlauf leicht leck werden. Pflanzen außerhalb des Bachbettes zapfen gerne Bachwasser an, indem sie ihre Wurzeln in das Bett wachsen lassen. Eine jährliche Kontrolle der Ränder ist daher ratsam. Vor allem an unübersichtlichen Stellen, die mit Steinen gemauert wurden, kann Sickerwasser seitlich abfließen.

▶ Auf einen Sockel gestellt saugt die Tauchpumpe keinen Bodenschlamm an. Ein rasches Verstopfen der Laufräder wird so verhindet. Als Zuleitung haben sich ein- bis zweizöllige, knicksichere Spiralschläuche (kleinere Durchmesser erhöhen den Druckverlust) bewährt. Nicht frostsichere Pumpen sollten durch eine leicht lösbare Verbindung (z. B. Bajonettverschluss) verbunden werden, so können sie gut gewartet und eingewintert werden.

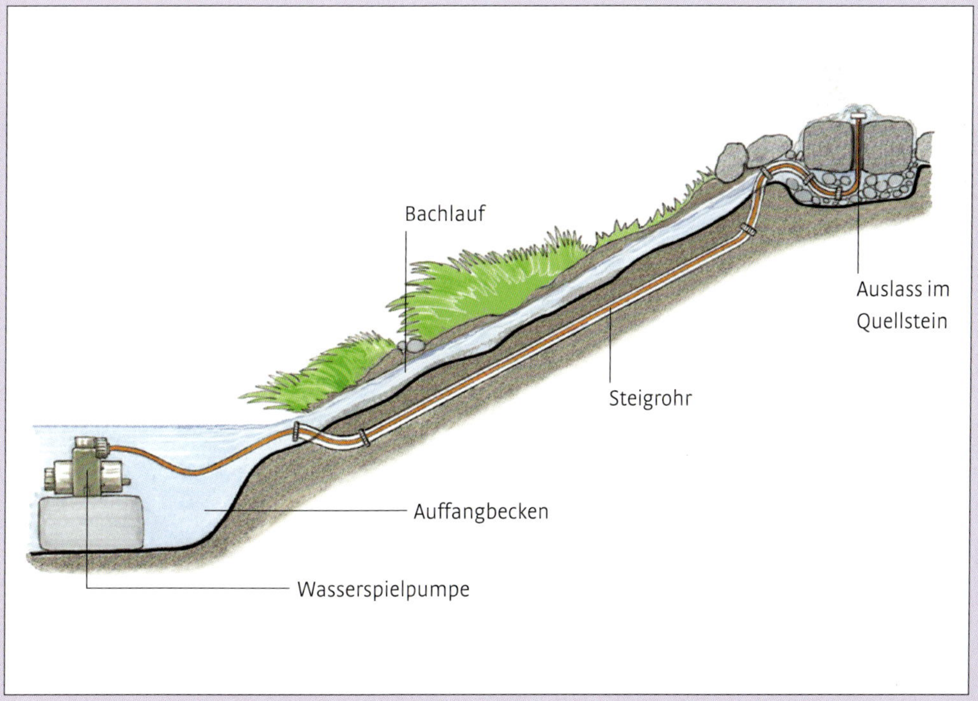

Stege und Brücken

Stege

Vor allem bei Schwimmteichen ist ein Steg unentbehrlich. Hier werden Handtücher ausgebreitet, Badeutensilien abgelegt und die Sonne genossen. Vom schlichten Zugang in den tieferen Badebereich bis zur multifunktionalen Wohn-Plattform mit Grillecke, Esstisch, integrierter Sandkiste, Sonnendach und angrenzendem Badehäuschen reicht die Bandbreite. Bei Schwimmteichen direkt am Haus wird der Steg zur Terrasse und zum Wohnzimmer im Freien. Aber auch bei Gartenteichen macht ein Steg Sinn. Lärchenholz ist das am häufigsten verwendete und in Verbindung mit Wasser gut haltbare Material, es bekommt mit der Zeit eine schöne, silbergraue Patina. Verwenden Sie am Wasser nur chemisch unbehandeltes Holz.

Geländer und Sicherheit

- **Höhe und Ausführung sollen eine Barriere darstellen und nicht zum Überklettern verleiten**
- **waagrechte Holzelemente unterhalb des Handlaufes vermeiden**
- **Abstände von Holzlatten, Metallstäben etc. sollten so eng sein, dass ein Kinderkopf nicht durchpasst**
- **gehobelte Holzqualitäten verwenden, in den Folgejahren stets auf abstehende Späne oder schadhafte Verschraubungen kontrollieren!**
- **Abstand von begehbaren Holzlatten muss so gering sein, dass auch Kinder nicht mit Fingern oder Zehen stecken bleiben können**
- **glatte Oberflächen sind besser als geriffelte, da sich auf ihnen nicht so schnell Algen ansetzen**

Brücken

In Landschaftsgärten waren Brücken stets ein beliebtes Gestaltungselement, und das zu Recht: eine Verbindung übers Wasser ermöglicht den Blick von der Wasserfläche zum Ufer hin und schafft damit ganz neue Perspektiven. Im Gegensatz zu einem Holzsteg stehen Brücken, zumal mit Geländer und gewölbter Führung, für mehr Distanz zum Wasser. Sie sind ein eigenes Gestaltungselement, das durch die Wahl des Materials, seine Ausführung und interessante Details, Form und Farbe oder eine raffinierte Spiegelung zum Charakterstück und Mittelpunkt einer ganzen Teichlandschaft werden kann.

Trittsteinwege

Vor allem bei naturnahen Teichen hat sich jene Form eines Übergangs übers Wasser bewährt, die ein wenig Trittsicherheit beim Begehen erfordert: eine Kette von Steinen im Schrittabstand führt quer durch Bereiche mit flachem Wasser, haarscharf vorbei an Blättern, Stängeln, Blüten und allerlei Getier. Ein größerer, bequemer Sitz- oder Liegestein in der Mitte des Weges lädt zum Bleiben und Sonnenbaden ein. Auf großen baulichen Aufwand wie Fundamente können Sie bei Trittsteinwegen verzichten, wenn die Steine die nötige Größe und damit Masse mitbringen. Sie werden auf eine Extralage Vlies und ein Kiesbett gesetzt und so eingerichtet, dass ihre Oberkanten einige Zentimeter über den endgültigen Wasserspiegel herausragen. Annähernd quaderförmige Steinblöcke oder streng geometrisch gesägte Formen erleichtern das Gehen. Für Pflegearbeiten sind Trittsteinwege durchs flache Wasser eine große Erleichterung.

▲ Stege überbrücken das Ufer und führen direkt zur Schwimmzone.

▲ Nicht nur Material- sondern auch Perspektivenwechsel: Im Zickzackkurs durch die Uferlandschaft.

▲ Im Schrittmaß verlegt lässt sich auf den gesägten und sandgestrahlten Steinblöcken wunderbar gehen.

▶ Eine schlichte Brücke aus Lärchenholz verbindet beide Ufer. Die Fundamente wurden außerhalb der Abdichtung gesetzt.

Klein aber oho – Miniteich und Wasserbecken

Miniteich-Bau

Miniformate von Fertigbecken lassen sich genauso problemlos einbauen wie Schalenteiche (siehe S. 34). Mit Terrakottafliesen, Natursteinplatten oder Holz wird der Beckenrand nicht nur verdeckt, sondern auch geschützt. Verwenden Sie die Materialien gleich weiter für Weg oder Sitzplatz, dann wirkt der Teich optimal in den Garten integriert. Neben dieser praktischen, auch im Selbstbau einfachen Variante gibt es viele weitere, technisch teils aufwändige Lösungen. Gemauerte oder betonierte Becken können vertieft oder in die Höhe gebaut werden und lassen sich sehr schön mit Fliesen oder Naturstein verkleiden. Denken Sie beim Bau eines Beckens immer auch gleich daran, alle Installationen und Anschlüsse für eventuelle Wasserspiele mit einzubauen. Wegen ihres hohen Gewichtes sind gemauerte Becken nur etwas für Terrasse oder Garten, für den Balkon sind kleinere Gefäße aller Art möglich, aber auch sie sollten der Statik der Standfläche entsprechen.

Recycling mit Charme

Holzbottiche oder halbierte Fässer sind eine weitere tolle Möglichkeit, überprüfen Sie aber vorher in jedem Fall ihre Dichtheit. Notfalls muss die Abdichtung durch eine

▲ Kunststoffbecken eignen sich sehr gut zum Bau von Miniteichen und sind in allen Größen erhältlich.

▼ Mit Mauerklinker lassen sich Becken schön verkleiden. Eine Wasserwaage hilft dabei, die Mauer gerade zu halten.

Folie (Stärke 0,5 mm ist ausreichend) gewährleistet werden. Überzeugen Sie sich auch davon, dass das Holz keine schädlichen Stoffe ans Teichwasser abgeben kann, sei es durch seinen früheren Gebrauch oder durch Holzschutzmittel oder andere Anstriche. Auch Steintröge können undicht sein, selbst kleinste Haarrisse im Material machen sich mit der Zeit bemerkbar. Das gilt auch für andere mit Witz und Charme recycelbare Gefäße, wie alte Standbadewannen aus Emaille mit goldenen Füßen, große Zuber oder glasierte Terrakottagefäße. Nicht geeignet sind Metallgefäße aus Zink, Kupfer oder Eisen, die mit dem Wasser chemisch reagieren können und sich in der Sonne sehr stark aufheizen.

Immer eine Reserve

Legen Sie sich an einer abgelegenen Stelle im Garten ein Vorratsquartier an interessanten Pflanzen an, aus dem sie die gerade besonders schön blühenden Pflanzen in den Miniteich übersiedeln. Ist eine Pflanze verblüht oder entwickelt sie sich nicht besonders gut, so wandert sie ins Reservebecken. So bleibt der Miniteich einerseits immer besonders attraktiv, andererseits kann man mehr Pflanzen im Laufe einer Saison unterbringen als die Fläche eigentlich zulässt.

Runde Becken

Kleine, runde Wasserbecken lassen sich aus versenkten Schachtringen bauen, die es in verschiedenen Durchmessern und Höhen und mit integriertem Boden zu kaufen gibt. Zwei oder drei solcher kreisrunder Becken ergeben nebeneinander, mit Kleinsteinwürfeln aus Porphyr oder Granit verkleidet, eingefasst und unterschiedlich bepflanzt, ein kleines, aber feines Wassergartenensemble.

◀ Die vorletzte Reihe Klinker wird zugeschnitten, um das Becken perfekt einfassen zu können.

▼ Nach dem Ausfugen kann das Becken mit Wasser befüllt und bepflanzt werden.

Miniteich bepflanzen

◀ Frei stehende Miniteiche sind dem Frost stärker ausgesetzt und müssen entleert oder im Haus überwintert werden.

▼ Die Wasserlinsen bleiben die einzigen Pflanzen im Brunnentrog – der Vorgarten soll vor allem durch die bunten Staudenbeete wirken.

▼ Für die Bepflanzung von Miniteichen und kleinen Becken kommen nur vergleichsweise wenige Pflanzen in Frage.

▲ Die kleine Granit-Wasserschale war nie zum Bepflanzen gedacht, Platz genug also für schwimmende Blüten.

Der Wahl der Pflanzen kommt in einem kleinen Becken umso größere Bedeutung zu. Die entscheidende Eigenschaft ist die Wuchsstärke. Nur Pflanzen, die langsam wachsen, klein bleiben, weder wuchern, noch andere verdrängen, kommen im Miniteich in Frage. Außerdem müssen sie mit wärmerem Wasser und beengten Verhältnissen zurechtkommen. Dafür spielt die Winterhärte keine Rolle, denn Miniteiche können einfach im Haus überwintern – komplett und bepflanzt oder Gefäß und Wasserpflanzen extra. Miniteiche bieten eine tolle Gelegenheit, seltene, heikle und anspruchsvolle Geschöpfe aus fernen Ländern in den Garten zu holen.

Substrat

Die geringe Wassermenge bewirkt, dass sich kleine Becken und Gefäße im Sommer stärker erwärmen als große, tiefe Teiche. Das fördert das Wachstum von Algen, daher muss jede weitere Begünstigung der Plagegeister unterbleiben. Die häufigste Fehlerquelle ist zu nährstoffreiches Substrat. Nährstoffarmer Lehm hat sich am besten bewährt, in reinem Kies kann sich aber selbst im Miniteich mangelhaftes Wachstum einstellen.

Bepflanzen

Pflanzen mit unterschiedlichen Wasserständen in einem einzigen Gefäß unterzubringen, erfordert ein wenig Logistik. Seerosen etwa benötigen die gesamte Wassertiefe, die Amerikanische Sumpf-Iris fühlt sich zwischen 0 und 20 cm Wasserstand am wohlsten, und Primeln benötigen nur einen feuchten Boden. Um allen Wünsche nachzukommen, können Sie mit Ziegeln oder umgedrehten Töpfen unterschiedliche Pflanzstufen schaffen.

Überwintern

Frei stehende Gefäße sind dem Frost stärker ausgesetzt als Teiche oder im Erdreich eingelassene Becken. Daher kommt es bei ihnen sehr häufig zu Schäden, verursacht durch die Sprengwirkung des Eises. Selbst winterharte Pflanzen nehmen Schaden, wenn ihre Wurzelstöcke komplett durchfrieren. Um dies zu verhindern, muss der Miniteich im Freien mit Folie, Jute, Styropor, Strohballen etc. gut gegen die Kälte isoliert werden, in einen kühlen, aber frostfreien Innenraum überwintern oder jedes Jahr neu bepflanzt werden.

Wassergarten im Miniaturformat

- **Miniteiche sollten nur 2–3 Stunden in der prallen Sonne stehen, damit sich der geringe Wasserkörper nicht zu stark erwärmt, denn der Sauerstoffgehalt sinkt rapide ab, gleichzeitig gehen mehr Nährstoffe in Lösung.**
- **Das Füllwasser muss sauber und möglichst kalkarm sein.**
- **Unterwasserpflanzen sind besonders wichtig, denn sie reichern das Wasser mit Sauerstoff an und machen Fadenalgen direkte Konkurrenz um Nährstoffe, Licht und Raum. Mehrere Arten sind besser als nur eine Art.**
- **Zwergseerosen oder andere kleine Schwimmblattpflanzen beschatten das Wasser und helfen kühlen.**
- **Trotz allem auftretende Fadenalgen konsequent abfischen.**
- **Ein gelegentlicher Wasserwechsel kann nötig werden, wenn die Wasserqualität merklich schlechter wird.**
- **Seien Sie besonders zurückhaltend, was die Versorgung mit Pflanzsubstrat betrifft. Gerade in kleinen Teichen machen sich überschüssige Nährstoffe besonders unangenehm bemerkbar.**
- **Stellen Sie die Pflanzen besser in Pflanzkörben ein, statt in einer durchgehenden Substratschicht.**
- **Halten Sie keine Fische in Miniteichen. Der Lebensraum ist zu klein für ein artgerechtes Leben.**

Bau eines Schwimmteiches

Die Errichtung eines Schwimmteiches ist ein größeres Bauvorhaben. Die einzelnen Bauabschnitte müssen gut koordiniert werden, damit es nicht zu Verzögerungen kommt. Die beste Zeit ist das Frühjahr, so können Sie gleich die kommende Badesaison voll genießen. Alle Wasserpflanzen wurzeln noch im selben Jahr gut ein. Durch schlechtes Wetter verzögern sich die Projekte im Frühling aber häufig. Im Sommer haben Schwimmteichbaufirmen oft noch Lücken im Terminkalender frei, und das Wetter ist generell stabiler. Für den Herbst spricht, dass Sie das Schwimmteichprojekt in aller Ruhe durchziehen können, denn die Badesaison ist schon gelaufen. Egal für welche Bauvariante Sie sich entscheiden, lassen Sie sich Zeit bei der Planung! Wägen Sie alle Für's und Wider's sorgfältig ab, damit Sie lange Freude an Ihrem Schwimmteich haben.

Vorbereitung

Noch bevor Bagger und LKW anrollen, sollten alle Vorbereitungen beendet sein. Erkundigen Sie sich bei Ihrer zuständigen Baubehörde, ob Sie für das Projekt eine Bewilligung brauchen. Die Bestimmungen sind bundesweit nicht einheitlich! Geben Sie Ihren Nachbarn Bescheid, wann Sie anfangen und wie lange die Bauarbeiten aller Voraussicht nach andauern werden. Große Bäume, die sich nicht mehr verpflanzen lassen und dem Projekt im Wege stehen, müssen gefällt und abtransportiert werden. Sträucher, Stauden und verschulbare (umpflanzbare) Bäume, die die Bauabwicklung behindern, können Sie in Zwischenquartieren an einem schattigen Ort unterbringen. Exponierten Bäumen gilt besondere Aufmerksamkeit.

▲ Die Beckenkante rund um den Schwimmbereich ist ein gutes Fundament für den Trittsteinweg aus Steinquadern.

▶ Lärchenholzbretter verdecken die Betonschalsteine, die als Fundament für den Steg auf der Beckenkante aufliegen.

▼ Zwei parallel ausgerichtete, 12-cm-Kanthölzer aus Lärchenholz bilden die Basis für diesen Steg.

Überhängende Äste können entweder beschnitten, abgestützt oder hochgebunden werden. Baumstämme sollten besonders bei engen Durchfahrten mit einer Holzverschalung aus Brettern gegen Rindenverletzungen geschützt werden. Da Gärten nur begrenzt Platz bieten, sollten Sie den Zwischenlagerplatz für diverse Baumaterialien (Aushub, Folie, Vlies, Findlinge, Holz, Substrat, Kies etc.) genau planen. Was können Sie provisorisch auf Ihrem Parkplatz vor dem Garten abstellen und für welche Materialien müssen Sie im Garten Platz finden? Sofern nicht vorhanden, muss eine mindestens drei, besser vier Meter breite Zufahrt eingerichtet werden. Achten Sie vor allem auf bestehende Stromleitungen, Telefonkabel, vorhandene Bewässerungssysteme und Kanäle auf dem Grundstück. Die Grabarbeiten können erst begonnen werden, wenn ihre Lage genau bekannt ist. Ein provisorischer Strom- und Wasseranschluss ist in jedem Fall nötig. Während der Grabarbeiten müssen Sie Sorge tragen, dass keine Unbefugten den Garten über die offenen Zufahrten betreten können. Ein Absperrband und eine Warntafel müssen gut sichtbar angebracht werden.

Vor dem Aushub

Die Bauarbeiten eines Schwimmteiches dauern im Durchschnitt drei bis vier Wochen. Damit die Arbeiten zügig vorangehen, müssen Sie vorher einige Dinge klären.

- **Baurechtliche Bewilligungen (Behördliche Bewilligungen/Wasserrecht), sofern erforderlich, einholen.**
- **Endgültiger Plan mit Kostenkalkulation muss vorliegen.**
- **Zufahrten frei räumen, Hindernisse beseitigen**
- **Mit welchem Wasser (Wasseruntersuchung?) soll der Schwimmteich gefüllt werden?**
- **Klarheit über alle im Boden befindlichen Leitungen und Kanäle**
- **Einrichten der Baustelle (Zwischenlagerplatz, Versorgungsleitung für Strom und Wasser bereitstellen)**

▶ Das Einsetzen von Wasserpflanzen erfolgt in größeren Gruppen.

▼ Der Pumpenschacht sollte großzügig bemessen sein, damit die Wartungsarbeiten problemlos erfolgen können.

▼ Auch wenn der Teich noch nicht ganz voll ist, der endgültige Wasserstand ist für die Pflanztiefen entscheidend.

Aushub

Nach dem Übertragen und Anzeichnen der Uferlinie aus dem Plan wird mit dem Ausbaggern begonnen. Ungemein wichtig ist die Einhaltung aller unterschiedlichen Niveaus. Die exakten Höhen lassen sich am besten mit einem Nivelliergerät ermitteln. Mehrere auf das richtige Niveau der unterschiedlichen Höhenmarken (Schwimmbereich, Sumpfzone, Flach- und Tiefwasserzone) im Verlauf der Grabarbeiten eingeschlagene Holzpflöcke sind daher unerlässlich. Ein stetes Nachmessen und Kontrollieren von Ist- und Sollzustand mit Nivelliergerät und Maßband hilft, den Plan genau umzusetzen. Gibt es genügend Platz, so kann das Aushubmaterial im Garten zwischengelagert werden. Wenn Sie vorhaben, einen Teil des Aushubs für die Gestaltung des Geländes zu verwenden, so sichern Sie sich in erster Linie die oberste Erdschicht mit gutem Humus. Die Grube für einen durchschnittlich großen Schwimmteich mit einer Wasserfläche von 150 m² lässt sich in ein bis zwei Tagen ausheben. Pumpenschächte und Stegfundamente können ebenfalls gleich mit ausgehoben werden.

Abdichtung

Der Vorgang ist der gleiche wie bei kleinen Teichen, durch die komplexeren Formen und die beachtlichen Größen sind Schwimmteichfolien aber schwieriger zu verlegen. Bedenken Sie, dass Vliesrollen und Folie ein beachtliches Gewicht haben. Für das Verlegen maßgeschneiderter, fertig geschweißter Folien werden mehrere Personen gebraucht. Am besten wird die zusammengerollt gelieferte Folie mit einem Autokran direkt zum Teichrand gehoben. Beim Verlegen schwarzer Folien sollten Sie einen nicht zu heißen Tag erwischen, da sie sich enorm aufheizen. Am besten ist der kühle Morgen oder ein lauer Abend.
Wegen der höheren, mechanischen Belastungen bei Schwimmteichen sind Folien-Stärken ab 1,2–1,5 mm empfehlenswert. Wägen Sie beim Kauf alle Vor- und Nachteile der einzelnen Hersteller ab. Beim Kauf von Markenwaren können Sie sicher sein, dass diese DIN- oder TÜV-Gütesiegel tragen und auf Kälte- und Wurzelfestigkeit (FLL-Prüfungen), Reißfestigkeit, UV-Beständigkeit und viele andere Parameter geprüft sind.

▲ Die Abstände der Unterzüge (Kanthölzer) für die Stegbretter sollten nicht mehr als 2 m betragen, sonst biegen sie sich beim betreten durch.

▶ Mit einem Schwimmthermometer kann die Wassertemperatur exakt ermittelt werden. Wichtig ist die Oberflächentemperatur.

▼ Der Rundskimmer samt Gitterkorb sollte an einem gut zugänglichen Ort eingebaut werden.

▶ Das vom Skimmer abgesaugte Wasser wird über dieses Wasserspiel in den Teich zurückgeleitet.

Erkundigen Sie sich nach Herstellergarantien (10 Jahre auf alle Nähte!) und nach den Möglichkeiten der Leckfindung, die das Produkt auszeichnen.

Säubern, reinigen, filtern

Obwohl fachgerecht gebaute Schwimmteiche auch ohne jede technische Hilfe durch Filtersysteme im Gleichgewicht bleiben, wie dies mehr als 20 Jahre alte Anlagen eindrücklich beweisen, sind sie heute die Ausnahme. Technische Reinigungshilfen zur Wasserreinhaltung werden fast serienmäßig eingebaut. Sie erleichtern die Pflege und beugen natürlichen Schwankungen, Algenwachstum und anderen unliebsamen Erscheinungen vor. Das Spektrum reicht von einfacher Oberflächenreinigung wie bei Skimmern bis hin zu ausgeklügelten, aufwändigen Filtersystemen. Das Prinzip eines Skimmers ist einfach und vom Pool- und Schwimmbadbau bekannt: mit einer Pumpe wird ein Sog erzeugt, der Oberflächenwasser über eine Skimmerkante saugt. Darauf treibende Blätter, Algenwatten oder andere Verunreinigungen werden abgefiltert. Die Rückstände müssen händisch (z. B. über einen Gitterkorb) entfernt werden. Ein Skimmer sollte immer gegen die Hauptwindrichtung eingebaut werden, damit er seine volle Wirkung entfalten kann. Als zusätzliche physikalische Reinigungshilfen können auch Filterelemente z. B. in den Schotterkörper des Regenerationsbereiches eingebaut werden. Die Elemente bestehen aus einem Filterkörper, der je nach Bauart mit Filtergranulaten, Spezialkies, Zeolith (ein Mineral), Bimsstein, Lava oder einem anderen, stark absorbierenden Material gefüllt ist. Durch Ansaugrohre wird der Filter durchströmt, dabei setzen sich mittlere und kleine Verunreinigungen ab. Vor allem aber haben Tonminerale die Fähigkeit, die frei verfügbaren Nährstoffe im Wasser zu binden und damit einer Überdüngung und vermehrtem Algenwachstum entgegenzuwirken. Zusätze von speziell für die Reinigung von Schwimmteichen gezüchteten Mikroorganismen können ebenfalls zur Unterstützung des Selbstreinigungsprozesses in das Filtersystem eingebracht werden.
Solche Anlagen sollten gleichmäßig durchströmt und nie abgeschaltet werden.

▼ Sprungstein, Trockenmauern mit Kiesplatz, Palmen und Liegen – ein Schwimmteich lebt vor allem von den Details.

▲ Außenfilter können auch problemlos an schon bestehenden Teichen eingebaut werden.

Kinderspaß im Wassergarten

▶ Stark frequentierte Schwimmteiche erfordern auch einen höheren Pflegeaufwand.

▲ Steininsel, Schwungseil, Hängematte – Raffinesse rund um den Schwimmteich.

▶ Kleinkinder dürfen niemals unbeaufsichtigt am Wasser bleiben.

▶ Jeder Tropfen lebt! Ein Mikroskop eröffnet den Blick in ein bisher verborgenes Universum.

▼ Die Larven der Libellen haben wenig Ähnlichkeit mit dem erwachsenen Insekt.

Kinderspaß

Schon die beliebte Sandkiste ist ohne Wasser nur das halbe Vergnügen. Mit einem Anschluss in der Nähe wird die Sandwüste zum Matschplatz und das Spielen, Bauen und Plantschen macht noch mehr Spaß. Je vielfältiger die Möglichkeiten, desto interessanter wird der Matschplatz auch für ältere Kinder. Aus vom Teichbau übrig gebliebenen Resten wie Folien, Kies, Findlingen sowie Sand und Holzresten lassen sich die spannendsten Plätze gestalten. Sie sollten aber nicht fix und fertig geplant und gebaut werden, sondern Platz lassen für eigene Ideen und immer neue Umbauten. Wo das möglich ist, erleichtert eine klassische Ziehpumpe die Sache sehr. Sie funktioniert nach dem einfachen Prinzip: Wasser gibt's nur für etwas Anstrengung. Wer nicht pumpt, sitzt im Trockenen, und die verplantschten Wassermengen halten sich dadurch in überschaubarem Rahmen. Außerdem ist Teamarbeit gefragt, denn zu zweit geht's leichter als allein.

Schwimmteich

Aber auch eine großzügig erweiterte Regenerationszone im Schwimmteich bietet die Möglichkeit, einen eigenen Spielbereich einzuplanen. Die Bausteine sind vor Ort bereits vorhanden: Hunderte große und kleine Kieselsteine, von der Sonne erwärmtes Wasser, ein paar größere Steine und robuste Pflanzen im Hintergrund. Der verbleibende Teil der Regenerationszone sollte gleich groß oder größer als der Schwimmbereich sein, damit die Belastung aufgefangen werden kann. Eine klare Abgrenzung zu tieferen Bereichen ist unbedingt notwendig, für Babys und Kleinkinder ist außerdem Sonnenschutz wichtig, etwa durch ein großes Sonnensegel. Action und Bewegung ist an Schwimmteichen angesagt, wenn die Kinder größer werden. Sprungfelsen am Ufer, am Steg platzierte Rutschen oder übers Wasser gespannte Flying-Fox-Strecken garantieren Spaß für einen ganzen Sommer. Da ist auch sicher noch genug Platz für ein bunt gestrichenes Badehäuschen, das nicht nur Umkleidekabine und Abstellraum für Luftmatratzen & Co. sein muss, sondern auch zum Spielen da ist.

Natur entdecken

Kein Tag, keine Woche gleicht am Wasser der anderen. Da laichen erst die Frösche und Molche, dann wuseln die Kaulquappen durch den Teich, schließlich schlüpfen die Libellen und hinterlassen ihre leeren Häute wie Gespenster auf den Halmen. Der Lebensraum Wasser ist so dynamisch wie ein Kinderleben. Es ist außerdem eine geheimnisvolle Welt, die normalerweise unseren Blicken und unserem Wissen verborgen bleibt. Umso spannender ist es, am Gartenteich auf Entdeckungsreise zu gehen. Ausgerüstet mit Keschern kommen weder Kinder noch Erwachsene aus dem Staunen heraus: Zwischen den Wasserpflanzen tut sich eine Welt auf, in dem es nur so wimmelt, paddelt, rudert, dahintreibt und schwebt. Für einen Blick in die Kinderstube von Libellen, Eintagsfliegen oder Kröten reicht eine Lupe, mit dem die gekescherten Tiere genauer studiert werden können. Um in den Mikrokosmos eines Wassertropfens mit seinen faszinierenden Wimper-, Pantoffel- oder Bärtierchen einzutauchen, brauchen Sie schon ein Mikroskop.

Sicherheitstipp

Beim Forschen, Keschern und Entdecken vergessen Kinder ganz leicht die Welt ringsum. Besonders gefährlich sind tiefe Bereiche am Ufer oder neben Stegen, noch dazu, wenn auffällige Tiere die kindliche Neugierde wecken. Koi sind zum Beispiel bekannt dafür, dass sie sehr zahm werden und aus der Hand fressen. Da sie nur in großen, tiefen Teichen gehalten werden können, sollten Sie hier besondere Vorsicht bei kleinen Kindern walten lassen.

Filterteich und bepflanzte Bodenfilter

Bepflanzte Bodenfilter

Zur Unterstützung der Wasserreinhaltung bei höheren Belastungen, wie sie durch Fischbesatz oder bei Schwimmteichen anfallen, können Sie einen bepflanzten Bodenfilter anlegen. Dabei haben sich unterschiedliche Bauweisen etabliert, die sich vor allem in Verwendung und Aufbau der Filtermaterialien und im Einsatz der Pumpentechnik unterscheiden. Allen Bodenfiltern ist gemeinsam, dass Teichwasser in ein separates, bepflanztes Filterbecken geleitet wird. Manche Teichpflanzen tragen mehr zur Wasserreinigung bei als andere. Sie entziehen durch ihr starkes Wachstum nicht nur viele Nährstoffe, sondern schaffen auch im Wurzelbereich ideale, aerobe Bedingungen für Mikroorganismen. Sie sind es auch im Wesentlichen, die überschüssige Nährstoffe abbauen. Das durch Grob- und Feinfilter und vor allem durch Mikroorganismen gereinigte Wasser wird dem Teich wieder zugeführt. Bodenfilter sollten nur sehr langsam durchströmt werden. Ein breit angelegtes Becken mit schwacher Neigung zum Teich lässt das hinaufgepumpte Wasser langsam durch den Filterkörper sickern, bis es schließlich gereinigt in den Teich zurückfließt.

Filterteich

Eine andere Möglichkeit sind Skimmerbecken auf gleichem Niveau. Über eine Pumpe wird in einem separaten Filterteich ein Sog erzeugt. Teichwasser fließt über eine Skimmerkante, durchströmt einen Filterkörper im separaten Becken und wird wieder in den Teich zurück-

▲ Voraussetzung für einen Badeteich ist eine konstante Wasserqualität.

▶ Der Filterbereich sollte mindestens 20–30 % der Wasseroberfläche einnehmen.

◀ Viele klassische Filterpflanzen wie Rohrkolben werden auch für die Regenerationszone bei Schwimmteichen verwendet

gepumpt. Der Aufbau von Filterteichen besteht im Wesentlichen aus Kies und groben Sanden oder einem anderen, für die Absorption von Schwebeteilen geeigneten Material und einem Filter. Verunreinigungen setzen sich im Filterkörper ab, wo sie von Mikroorganismen abgebaut werden. Manche Systeme setzen noch zusätzlich Filterelemente aus Steinwolle oder ähnlichem Material ein, die mit speziellen Mikroorganismen beimpft werden, was die Wasserreinigung noch effizienter macht. Durchsickerndes Wasser in Filteranlagen schafft ein spezielles Mikroklima. Der nach Wochen im Filter gebildete Biofilm reagiert sehr sensibel auf Veränderungen. Vor allem die Sauerstoffversorgung muss permanent gewährleistet sein, daher sollen die Filter vom Frühling bis zum Herbst ohne Unterbrechung durchlaufen.

Pflanzen, die das Wasser klar halten

Breitblättriger Rohrkolben *(Typha latifolia)*
Schmalblättriger Rohrkolben *(Typha angustifolia)*
Gelbe Sumpf-Schwertlilie *(Iris pseudacorus)*
Teich-Simse *(Schoenoplectus lacustris)*
Flatter-Binse *(Juncus effusus)*
Aufrechter Igelkolben *(Sparganium erectum)*
Kalmus *(Acorus calamus)*

Filterpflanzen

Manche Pflanzen haben die besondere Fähigkeit, durch starkes Wachstum und gute Durchwurzelung im Filterkörper ideale Bedingungen für nährstoffabbauende Mikroorganismen zu schaffen. Ihre mit großen Hohlräumen durchzogenen Stängel leiten Luft in den Boden, von dem die Einzeller profitieren. Sie sind neben dem Kiesfilter auch die wesentlichen Elemente von Wurzelkläranlagen, die schon seit Jahrzehnten gebaut und erfolgreich betrieben werden. Von Schilf (*Phragmites australis*) sei dringend abgeraten, weil es zu stark wuchert und gewöhnliche Teichfolien durchwachsen kann.

◄ Im Regenerationsbereich von Schwimmteichen wird mehr Wert auf Filterpflanzen als auf Blüten- oder Zierpflanzen gelegt.

◄ Ein separat bepflanzter Filterteich mit Skimmer sorgt für die Wasserreinigung im Schwimmteich.

▲ Der Biofilm auf Steinen und Holz und Mikroorganismen im Kieskörper spielt die Hauptrolle bei der Reinhaltung des Wassers.

Gartenteiche pflegen

◀ Wenn sich Teich und Ufersaum im Juli so schön und natürlich präsentieren, ist das nicht zuletzt auch das Ergebnis einer guten Pflege.

▶ Schon im vierten bis fünften Jahr müssen die starkwüchsigeren Wasserpflanzen dezimiert werden.

Grundsätzliches zur Pflege

Gute Pflege beginnt bei einer fehlerlosen Planung und Ausführung. Wartungsarme, pflegeleichte Teiche ohne größere Probleme sind fast immer solche, die mit Know-how geplant, fachgerecht gebaut und ausgewogen bepflanzt wurden. Fische erhöhen sowohl die Herausforderungen an die Wasserqualität als auch den Pflegeaufwand. Ein Einsetzen sollte also gut mit den eigenen Ressourcen abgewogen werden. Je stabiler das Gleichgewicht im Teich, desto weniger Eingriffe sind in den kommenden Jahren nötig. Bei neu angelegten Teichen brauchen Sie aber Geduld. Wassertrübungen oder vorübergehende Algenblüten sollten Sie nicht mit übereilten Maßnahmen beantworten, sondern erst einmal abwarten und beobachten. Erst wenn die Pflanzen eingewurzelt und Unterwasserpflanzen und Mikroorganismen etabliert sind, können sich stabile Kreisläufe einspielen.

Zugang

Ein Teich braucht genauso viel Pflege und Aufmerksamkeit wie andere Gartenbereiche auch. Rückschnitt, Abgestorbenes entfernen, Schutz gegen Laubfall, Algen abfischen oder zu stark wachsende Pflanzen dezimieren sind Arbeiten, die das ganze Jahr kontinuierlich anfallen. Daher ist es sinnvoll, gleich von Anfang an daran zu denken, dass Sie zur Erledigung der Pflegearbeiten auch einen bequemen Zugang brauchen. Verbinden Sie das Angenehme mit dem Nützlichen! Badestege sind auch ideal zum Pflanzen abkeschern, von Trennmauern bei Schwimmteichen lässt es sich prima Schlamm absaugen, und Trittsteinwege machen nicht nur Spaziergänge durchs flache Wasser möglich, sondern auch Frühjahrsputz und Rückschnitt. Eine gute Erschließung schont die sensiblen Pflanzbereiche.

▲ Vor allem in den ersten Jahren lassen sich Fehlentwicklungen leicht ausmachen und Pflanzen umsetzen.

▼ Zuerst Verblühtes wegschneiden, dann sonnenbaden: große Steine verbinden das Angenehme mit dem Nützlichen.

Geschlossenes System

Das Hauptaugenmerk liegt immer in der Erhaltung einer guten Wasserqualität, sie ist das eigentliche Ziel aller Pflegemaßnahmen. Ein natürlicher Teich hat stets Verbindungen zu seiner Umgebung, sei es ein Zu- oder Abfluss oder das Grundwasser, das mit dem Teichwasser zumindest zeitweise im Austausch steht. Ein künstlich angelegter Teich ist durch die Folienabdichtung vom Wasser der Umgebung abgeschlossen, abgesehen von Niederschlägen und Verdunstung sollte es keine direkten Verbindungen mit dem umgebenden Garten geben. Alle regulativen Wechselwirkungen fallen somit weg, das Wasser im Gartenteich muss sozusagen „alleine zurechtkommen“. Das ist vor allem für kleine Teiche schwierig, denn ein geringer Wasserkörper hat weniger Puffermöglichkeiten und ist daher grundsätzlich labiler. Der Teich ist als geschlossenes System eine „Nährstofffalle“: abgestorbene Pflanzen und Tiere, Laub, Verunreinigungen durch den Badebetrieb bei Schwimmteichen, Pollenflug, Fischkot, überzähliges Fischfutter ... viel kommt hinein, kaum etwas wieder heraus. Vor allem Phosphor reichert sich immer mehr an, er ist so etwas wie ein Motor für alle Lebewesen, auch für die Algen.

Verjüngungskur

Wenn nicht durch pflegende Maßnahmen gegengesteuert wird, schreitet die Verlandung immer weiter voran. Nährstoffanreicherung, Bodenschlamm, üppiges Wachstum ... spätestens wenn die prächtig gedeihenden Pflanzen nach Jahren die freie Wasserfläche merkbar einengen, sollten Sie aktiv werden. Es stehen jene Arbeiten an, die einem natürlichen Prozess entgegenwirken, der auf alle kleineren, stehenden Gewässer einwirkt. Verjüngen Sie Ihren Teich, indem Sie Pflanzen dezimieren, zu groß gewordene Bestände teilen, Bodenschlamm entfernen (siehe Seite 73), nicht bewährte oder zu stark wuchernde Pflanzen ganz entfernen. Ein kompletter Wasserwechsel ist der letzte Ausweg, wenn etwa stark durchwurzelter Teichboden nicht mehr anders als im Trockenen zu sanieren ist: Pflanzen und größere Tiere lassen sich in Zwischenquartieren unterbringen, für zahllose Kleintiere bedeutet Trockenlegen und neu füllen aber das Aus.

◀ Wild versamte Gehölze sollten so bald wie möglich entfernt werden.

▶ Mit Kescher und Teleskopstange lassen sich frei schwimmende Algenmatten mühelos entfernen.

◀ Joch- oder Fadenalgen zählen zu den unerfreulichsten Dauergästen im Teich.

Wasserqualität und Wasserwerte

Alle relevanten Wasserwerte lassen sich mit den heutigen Fertigtests aus dem Teich- bzw. Aquarienbedarf recht einfach ermitteln. Die durch Teststreifen mit Vergleichsfarbskalen, durch Tropfenzugabe bis zum Farbumschlag oder mit elektronischen Geräten ermittelten Werte können hilfreiche Hinweise geben, was mit Ihrem Teich nicht stimmt, wenn es Probleme gibt. Die Genauigkeit mancher Tests lässt aber immer wieder zu wünschen übrig, bei gravierenden Problemen ist eine Laboruntersuchung unbedingt zu empfehlen. Bei pH-, Temperatur- oder Sauerstoffmessungen spielt die Tageszeit eine wichtige Rolle.

Wasserqualität überwachen

Klammern Sie sich aber nicht an Zahlen und Tabellen, sondern schulen Sie auch stets Ihre Intuition: Auge und Nase sind ebenfalls feine Messinstrumente, die durch ergänzende Beobachtung des Teiches, der Entwicklung seiner Pflanzen und Tiere gute Prognosen abgeben können. Mit der Zeit bekommen Sie ein Gespür für Ihren Teich und werden mit seinen jahreszeitlichen und tageszeitlichen Schwankungen vertraut. Zahlreiche Teichbesitzer haben in vielen Jahren kein einziges Mal einen Wassertest benutzt, andere schwören auf regelmäßige Messungen. Vermeiden Sie in jedem Fall ein Herumdoktern mit Mittelchen und Gegenmittel und lassen Sie sich nicht zu Panikreaktionen verleiten. Ein richtig gebauter, gut eingewachsener Teich sollte bei entsprechender Pflege kaum Anlass zu überstürztem Handeln bieten. Es gilt stets, die Ursache für die schlechte Wasserqualität zu finden, anstatt Symptome zu bekämpfen.

Sauerstoffgehalt

Alle Lebewesen verbrauchen Sauerstoff, selbst die Pflanzen veratmen ihn nachts, nachdem sie tagsüber (viel mehr) Sauerstoff ans Wasser abgegeben haben. Es sind aber vor allem die tierischen Organismen, die auf das lebenswichtige Element angewiesen sind. Viele Wasserlebewesen decken ihren Bedarf in gelöster Form, die Kiemenatmung der Fische etwa ist perfekt darauf abgestimmt. Wichtige Faustregel im Teich: je wärmer das Wasser, desto weniger Sauerstoff ist gelöst. Das kann also im Hochsommer zu Engpässen führen, ermöglicht aber im Winter andererseits vielen Tieren ein Überleben im winterlichen Teich. Messungen haben nur in den ganz frühen Morgenstunden Sinn, bevor Pflanzen die Photosynthese wieder aufnehmen, denn Engpässe ergeben sich immer nachts.

Temperatur

Bei warmem Wetter laufen alle Lebensvorgänge schneller ab. Warmes Wasser ist leichter, daher wird stets an der Oberfläche mit einem Schwimmthermometer gemessen. Am schwersten ist 4 ° kaltes Wasser, das in tiefen Teichen sozusagen die Bodenschicht in der kalten Jahreszeit bildet. Im Winter ist das Wasser daher recht stabil geschichtet, im Sommer nur dort, wo keine Wasserbewegung durch Baden oder Umwälzpumpen stattfindet. Das ist der Hauptkritikpunkt vieler Umwälzgegner: die natürliche, stabile Schichtung wird gestört. Im Frühling und Herbst kommt es durch Temperaturänderungen zu Umschichtungen im Wasserkörper, hier kann es zu Trübungen kommen.

Wasserwerte auf einen Blick

Wasserwert	Kurzform	Was ist das?	Optimalbereich
Karbonathärte	KH	Anteil an Calcium und Magnesium, die als Hydrogencarbonat (HCO^{3-}) gebunden sind, hilft pH-Wert zu stabilisieren (wird auch als Säurebindungskapazität bezeichnet), wobei der für den pH-Wert relevante Teil das Hydrogenkarbonat ist, mit Schnelltests gut bestimmbar	5–10 ° dKH (Grad deutscher Karbonathärte)
Gesamthärte	GH	Summe aller im Wasser gelösten Calcium- und Magnesiumionen, beeinflusst den pH-Wert nicht, mit Schnelltests gut bestimmbar	5–15 °dH oder dGH (Grad deutscher Gesamthärte)
ph-Wert	pH	mit Schnelltests gut bestimmbar, gibt an, ob Wasser sauer (<7), neutral (7) oder alkalisch (>7) reagiert, steigt im Lauf des Tages an, sinkt am Abend wieder	6–8
Nitrat	NO_3	mit Schnelltests gut bestimmbar, bei niedrigen Phosphorwerten ist hoher Gehalt im Teich kein Problem, ungiftig	< 25 mg/l
Nitrit	NO_2	mit Schnelltests gut bestimmbar, entsteht bei Sauerstoffmangel durch bakteriellen Abbau von Nitrat, Fischgift, kann zu giftigen Verbindungen reagieren	0
Ammoniak	NH_3	bei anhaltendem Sauerstoffmangel entsteht durch bakteriellen Abbau aus Nitrit Ammonium (NH_4), das bei basischem pH-Wert zu Ammoniak reagiert, giftig	0
Ortho-Phosphat (gelöstes Phosphat)	PO_4	limitierender Nährstoff für das Pflanzen- und Algenwachstum, erhöhter Eintrag durch Fischkot, zu viel Fischfutter, eingeschwemmtes Oberflächenwasser bei Starkregen, aus der Luft usw., mit Schnelltests nur mangelhaft bestimmbar	0 Der Grenzwert liegt bei 0,03 mg/l (mit Schnelltests meist nur unzufriedenstellend messbar), aussagekräftiger ist der Totalphosphorgehalt (freier sowie in Lebewesen „eingebauter" Phosphor, also die Gesamtmenge im Teich), der allerdings nur im Labor zu bestimmen ist

▲ Schnelltests geben eine erste, grobe Information, wie es um den Teich bestellt ist.

▶ Der pH-Wert lässt sich relativ einfach ermitteln und sollte, um Vergleichswerte zu haben, stets um die gleiche Tageszeit gemessen werden.

Filter und Filterung

Naturnah angelegte Teiche kommen, wenn sie richtig gebaut wurden, prinzipiell ganz ohne Filterung aus. Doch mit gesteigerten Anforderungen und durch außergewöhnliche Belastungen, wie es bei Schwimmteichen der Fall ist, macht eine zusätzliche Filterung durchaus Sinn. So können Nährstoffe, die durchs Baden ins Wasser eingebracht werden, gut mit Filtersystemen gebunden werden. Wollen Sie Fische im Teich, so ist unbedingt zu einem Filter zu raten. Fische wie Futter belasten die Wasserqualität, und durch das Grundeln und Wühlen mancher Fischarten im Bodenschlamm kommt es zu einer starken Trübung des Wassers. Ein Nährstoffüberangebot und vermehrtes Algenwachstum können die Situation weiter verschlimmern. Komplettlösungen für Fischteiche filtern und entkeimen das Wasser nicht nur, sondern reichern es zusätzlich mit Sauerstoff an. Die Größe des Filters richtet sich nach dem Wasservolumen des Teichs und dem Fischbesatz.

Technische Reinigungshilfen

Statt mit einem Kescher oberflächliche Verunreinigungen immer wieder händisch abzufischen, kann ein Skimmer eingesetzt werden, der diese Aufgabe großteils übernimmt. Das Prinzip ist simpel: mit einer Pumpe wird ein Sog erzeugt, der Oberflächenwasser über eine Skimmerkante saugt. Am Wasser treibende Verunreinigungen werden somit abgefiltert. Die Rückstände sind regelmäßig händisch z. B. über eingebauten Gitterkorb zu entfernen. Als zusätzliche Reinigungshilfe können auch Filterelemente in den Schotterkörper eines separaten Filterbeckens eingebaut werden. Sie bestehen aus einem Filterkörper, der je nach Bauart mit Filtergranulaten wie Spezialkies, Zeolith oder einem anderen, stark absorbierenden Material gefüllt ist. Durch Ansaugrohre wird der Filter durchströmt, dabei setzen sich mittlere und kleine Verunreinigungen ab.

◀ Statt das über den Skimmer abgesaugte Wasser wie hier einfach über einen Schlauch in den Teich zu leiten, könnte es auch über einen Quellstein plätschern.

Filterpumpen

Ob Skimmer oder andere technische Reinigungshilfen, eine Pumpe ist in jedem Fall erforderlich. Sie muss mit dem verwendeten Filtersystem abgestimmt werden. Es gibt mittlerweile eine große Bandbreite von einfachen kleinen Modellen für den Zierteich bis zu aufwändigen Lösungen für große Anlagen. Meist werden gleich Komplettsysteme angeboten, in denen die einzelnen Komponenten aufeinander abgestimmt sind. Entscheidend bei der Wahl des Filtersystems und der Pumpe ist neben der Nutzungsart des Teiches wie Schwimmteich, Koibecken oder Zierteich auch seine Größe. Bedenken Sie beim Kauf eines kompletten Filtersystems auch, dass leistungsfähige Pumpen nicht nur teurer sind, sondern auch die laufenden Stromkosten höher ausfallen lassen. Nicht verschwiegen werden soll auch, dass Kleinkrebse und zahllose andere Kleinlebewesen schweren Schaden nehmen können, wenn sie ins Laufrad der Pumpe gelangen. Für Molche, Libellenlarven oder andere größere Wassertiere werden Skimmer oft zur Falle. Kontrollieren Sie mindestens alle zwei Tage den Filterkorb oder wählen Sie eine Skimmertype mit einem Vorkammersystem, wo so etwas nicht passieren kann.

Unter oder über Wasser

Nassläufer (Tauchmotorpumpen) dürfen im Teich nur mit 12 oder 24 Volt Niederspannung betrieben werden. Neuere Modelle verfügen über ein strömungsoptimiertes Laufrad für einen besseren Wirkungsgrad, sind frostbeständig und haben einen Trockenlaufschutz. Zur Wartung müssen Tauchpumpen ausgebaut werden. Eine schnell lösbare Verbindung mit Bajonettverschlüssen ist daher sinnvoll. Damit Tauchpumpen keinen Bodenschlamm mitansaugen, müssen sie im Teich durch einen Steinsockel oder Ähnliches erhöht aufgestellt werden. Da im Wasser ein gewisser Schallschutz gegeben ist, sind Tauchpumpen im Betrieb sehr leise. Alternativ dazu werden trocken aufgestellte Kreiselpumpen verwendet, die Sie in einem externen Pumpenschacht, etwa unter dem Steg außerhalb des Teiches, unterbringen können. Sie arbeiten meist schon sehr geräuscharm, sind sehr leistungsfähig und haben einen Überhitzungsschutz eingebaut. Im trockenen Schacht sind die Pumpen für die Wartung gut zugänglich. Achten Sie darauf, dass der Pumpenschacht mit einer guten Dränage versehen ist, damit sich im Schacht kein Wasser sammeln kann.

◀ Beim Durchlauffilter reinigen Filterschwämme und Filterbürsten das Teichwasser von Verunreinigungen.

▲ Der Außenfilter wird auf Erdniveau eingegraben und fällt bei geschickter Umpflanzung kaum auf.

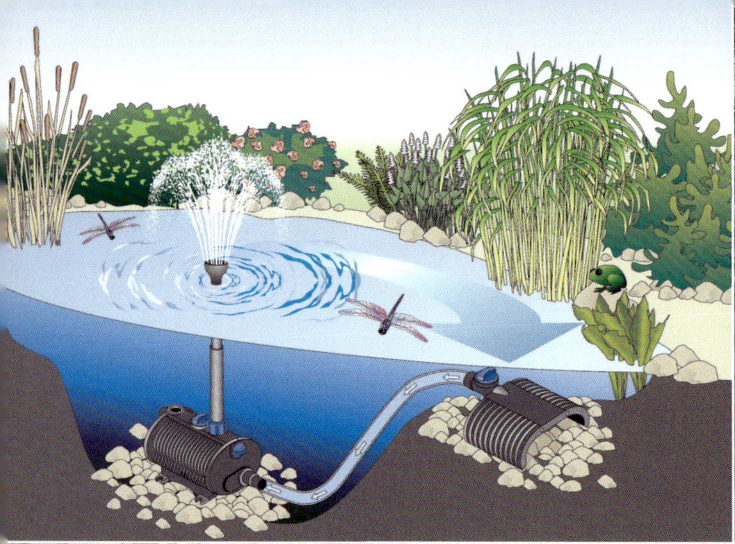

▲ Fertige Komplettsysteme sind aufeinander abgestimmt und je nach Teichgröße dimensioniert.

▲ Um Fische in den beengten Verhältnissen eines Gartenteiches zu halten benötigt man einen guten Filter.

◀ Torf, Gerstenstroh & Co: Manche schwören darauf, andere halten nichts davon.

▼ Dieses Solarpaneel reicht aus, um einen Quellstein am Ufer zu betreiben.

◀ Kräftig wachsende Pflanzen wie Sumpf-Schwertlilien entziehen dem Wasser viele Nährstoffe.

▼ Die UVC-Vorklärgeräte zählen zu den physikalischen Reinigungshilfen und können mit einem Filter kombiniert werden.

Wasser umwälzen

Bachlauf und Quellstein sorgen für eine permanente Wasserzirkulation. Sehr warme Flachwasser- und seichte Uferzonen kommen in Bewegung und durchmischen sich mit kühleren, tiefer gelegenen Wasserschichten. Die Ansaugvorrichtung sollten Sie an der gegenüberliegenden Stelle vom Wasseraustritt planen, um so eine optimale Zirkulation zu erreichen. Durch das Plätschern eines Bachlaufs, Quellsteins oder Wasserfalls wird Teichwasser noch zusätzlich mit Sauerstoff angereichert. Wenig Sinn macht es aber, im Sommer während der Mittagshitze einen Bachlauf zu betreiben. Hier heizt sich das Wasser auf den heißen Steinen nur unnötig auf.

UVC-Vorklärgeräte

Zusammen mit einem Außenfilter, der in einem Schacht am trockenen Ufer eingebaut wird, kann ein UVC- Vorklärgerät angeschlossen werden. Ein Drosselgriff reguliert individuell den Durchfluss vor der Quarzröhre und UV-Lampe. Schwebealgen, die hauptsächlich an der Wassertrübung beteiligt sind, sowie Bakterien werden im Bereich der UV-Bestrahlung abgetötet. Keine Wirkung haben sie gegen pflanzengebundene Bakterien, die sich im Bodensubstrat zwischen Wurzeln befinden, oder Fadenalgen. UVC-Vorschaltgeräte machen dort Sinn, wo kein Pflanzenbesatz vorgesehen ist und das Wasser sauber gehalten werden muss. Sie sind umstritten, weil sie massiv in das Ökosystem Teich eingreifen, ohne die eigentlichen Ursachen für die schlechte Wasserqualität zu beseitigen. Die Anwendung von UV-Bestrahlung zur Wasserbehandlung in öffentlichen Schwimmteichen ist in manchen Ländern laut Schwimmteich-Norm verboten oder wird nicht empfohlen. Eine Alternative dazu sind Filtersysteme, die durch den Einsatz von Mikroorganismen und Pflanzen natürliche Abbauprozesse beschleunigen und das Wasser so klar halten.

Platzierung des Filters

Frei stehende Rundskimmer haben eine Wasserstandstoleranz von 12–25 cm und sind daher im Flachwasserbereich eines Teiches am besten untergebracht. Ein Skimmer sollte immer gegen die Hauptwindrichtung eingebaut werden, damit er seine volle Leistung entfalten kann. Reinigungsfilter werden in einer pflanzenfreien Zone im Schotterkörper oder einem separaten Skimmerbecken eingebaut. Außenfilter mit und ohne UVC-Vorklärgeräte sind außerhalb des Teiches am trockenen Ufer zu installieren.

Pflege und Wartung

Skimmer sollten regelmäßig entleert werden. Vor allem nach einem Sturm oder im Frühsommer, wenn die Algenbelastung am größten ist, müssen Netz oder Gitterkorb bis zu zwei Mal täglich am besten am Kompost ausgeleert werden. Alle zwei bis drei Jahre sollten Filter auf Zeolithbasis oder ähnlichen Materialien ausgebaut, vorsichtig gereinigt oder gleich ausgetauscht werden. Bevor Sie Wartungsarbeiten bei der Pumpe vornehmen, muss immer der Netzstecker gezogen werden. Pumpen und Filterleistung sollten mindestens einmal im Monat geprüft werden. Hier reicht es, die Sogwirkung oder den Durchfluss nach Effizienz zu kontrollieren. Bei UVC-Vorklärgeräten kommt hinzu, dass nach einer gewissen Anzahl an Betriebsstunden die UV-Lampe gewechselt werden muss.

Filter im Winter

Die meisten Skimmer und Druckfilter können den Winter über im Teich belassen werden. Nicht frostfeste Unterwasserpumpen müssen in einen Eimer Wasser gestellt und bei Plusgraden (Keller) überwintert werden, sicherheitshalber auch viele trocken aufgestellte Pumpen. Praktischerweise sind Filterelement und Pumpe so im Schacht installiert, dass sie sich rasch und unkompliziert im Herbst ausbauen lassen.

Nützliches Zubehör

◀ Ein Kescher gehört zur Grundausstattung für die Teichpflege.

▶ Eine Fischer- oder Wathose ist praktisch: mittendrin und doch nicht nass.

▶ Mit der Teichschere können Sie auch mühelos Pflanzen zurückschneiden, die schlecht zu erreichen sind.

Schlamm absaugen

Wenn Sie nicht eingreifen, können Sie an Ihrem Gartenteich eine interessante, biologische Entwicklung beobachten: die Verlandung. Ein stehendes Gewässer dieser Größenordnung schreitet unweigerlich in Richtung Landwerdung, wenn Sie nicht pflegerisch eingreifen. Pro Jahr bildet sich eine im Durchschnitt 1 bis 2 cm dicke Mulm- oder Sedimentschicht.
Zu einer der wichtigsten Arbeiten in der Teichpflege gehört das Absaugen dieses Bodenschlammes, das am besten im Frühling geschieht. Am besten lassen sich natürlich glatte Oberflächen absaugen, dadurch sind Wasserbecken besonders einfach zu reinigen. Im Handel sind größere und kleine Geräte im Angebot, die sich nicht so sehr in der Ausstattung, sehr wohl aber in ihrer Leistung unterscheiden. Um Schlamm effizient aus dem Teich zu entfernen, braucht es ein leistungsstarkes Gerät. Da sich zwischen größeren Kieselsteinen (mehr als 8–10 cm Durchmesser) viel Schlamm ansammelt, sollte als Bodengrund feiner Kies oder Sand verwendet werden.
Bei größeren Teichen ab 100 m² lohnt es sich, einmal im Jahr einen Teichservice einer Firma zu buchen oder sich ein gutes Gerät auszuleihen. Das Schlammwasser können Sie zum Wässern einer Hecke oder unter Bäumen verwenden. Nach dem Absaugen müssen Sie das fehlende Wasser wieder auffüllen. Es dauert ein paar Tage, bis sich die Schwebstoffe, die beim Absaugen aufgewirbelt wurden, wieder abgesetzt haben und das Wasser klar wird.

Schlammsauger

Kleine Teiche lassen sich einfach mit einem Schlammsauger reinigen, der nach dem Prinzip von Nasssaugern funktioniert. Mit einer Teleskopstange und Schlammsaugglocke kann der Bodenschlamm in einen Auffangbehälter gesaugt und händisch entleert werden. Bei manchen Geräten kann auf kontinuierlichen Ausgang umgeschaltet werden, Schlammwasser wird nicht in einem Auffangbehälter gesammelt, sondern einfach über einen Druckschlauch z. B. in einen Kanal abgeleitet.

Gerät	Wozu?	kaufen	leihen
Kescher	Abfischen von Laub, Algen, zum Beobachten von Kleinlebewesen	×	–
Leiter	schafft rasche Querverbindung über den Teich (Brett drüberlegen)	×	–
Schlammsauger	Entfernen des Bodenschlamms ohne Wasserwechsel	–	×
Wathose	praktisch für Pflegearbeiten in der kalten Jahreszeit	×	–
Teichschere/Teichzange	Schnittarbeiten an unzugänglichen Stellen	×	–
Laubschutznetz	vor dem Laubfall montieren und gut abspannen	×	–
Teichthermometer	misst die Oberflächentemperatur (schwimmt)	×	–

Der Teich im Frühling

Nach der Schneeschmelze im Frühling sollten Sie bei einem Rundgang ums Ufer kontrollieren, wie es um den Teichrand bestellt ist. Häufig ist es durch Frosteinwirkung oder Fehltritte zu Setzungen oder Verschiebungen von Steinen gekommen, so dass die Folie frei liegt und neu abgedeckt werden muss. Bei dieser Gelegenheit können Sie den Teich bis zum oberen Limit des Wasserstandes anfüllen und überprüfen, ob er eventuell ausläuft. Im Frühling sind die Außentemperaturen noch gering, so dass eine natürliche Verdunstung vernachlässigt und die Dichtheit somit gut überprüft werden kann. Pflanzen, die Sie noch nicht zurückgeschnitten haben, sollten Sie nun abschneiden, bevor die sprießenden jungen Triebe zwischen den braunen Stängeln zu groß werden. Frühjahrsputz statt Herbstputz ist aus ökologischer Sicht sinnvoll. Statt sie gleich auf den Kompost zu werfen, können abgeschnittene Teile noch eine Weile am Ufer liegengelassen werden. Insekten, die hohle Halme als Winterquartier nutzten, bleiben so bis zu ihrem Schlüpfen in Wassernähe. Die Sicht auf den Teichboden im Frühling ist meist sehr gut. Abgesunkene alte Blätter können Sie jetzt einfach händisch entfernen oder gleich den gesamten Bodenschlamm mit einem Schlammsauger entfernen. Nach dem Absaugen füllen Sie den Teich wieder bis zum normalen Wasserstand auf.

Teilen und Dezimieren

Der Frühling ist auch jene Zeit, wo sich die Teichpflanzen am besten teilen und dezimieren lassen. Zu groß gewordene Horste von Teichbinsen, Zyperngras oder anderen Starkwüchsigen, die direkt im Teichboden wurzeln, lassen sich vorsichtig ausgraben und mit Schere oder Spaten teilen. Ein nicht ganz unkompliziertes und ungefährliches Unterfangen, muss doch die Folie unbeschädigt bleiben. Auch überalterte Seerosen erwachen durch eine Verjüngungskur im Frühjahr zu neuem Leben. Senken Sie dabei den Teichspiegel bis zum Seerosenstock und graben ihn als Ganzes aus. Setzen Sie einen Teil zurück in den Teich in frisches Substrat, und die Seerosen werden es ihnen mit vielen schönen Blüten danken.

Aussetzen und Ergänzen

Nicht alle Pflanzen werden den Winter unbeschadet überstanden haben. Teichpflanzen treiben spät aus. Lassen Sie sich mit der Beurteilung bis Mai Zeit und ergänzen Sie dann erst, wo es nötig ist. Ab Mai können auch die tropischen und frostempfindlichen Wasserpflanzen aus dem Winterquartier geholt werden und ihren Platz am Teich oder im Becken einnehmen.

Installieren und Kontrollieren

Mit dem Beginn der zweiten Frühlingshälfte setzt meist auch die warme Witterung ein, der Nährstoffeintrag durch Blütenblätter und Pollenstaub ist nicht zu unterschätzen. Installieren Sie rechtzeitig die Pumpe und bringen Sie das Filtersystem zum Laufen. Dasselbe gilt für Wasserspiele, Umwälzanlagen oder Bachläufe. Im Frühjahr, wenn der Teich gut zugänglich ist, lassen sich im Schotterkörper eingebaute Filterelemente am leichtesten ausbauen, reinigen oder ersetzen. Elektroinstallationen, die über den Winter nicht im Betrieb waren, können jetzt auf ihre Funktionstüchtigkeit überprüft werden. Kontrollieren Sie auch den Holzsteg regelmäßig nach abstehenden Spänen oder gelockerten Schrauben.

▲ Nach der Blüte lassen sich Sumpfdotterblumen und andere Frühlingsblüher gut teilen.

▼ Besser als ein Rückschnitt im Herbst ist ein Frühjahrsputz, kurz bevor die Pflanzen auszutreiben beginnen.

▼ Einer der ersten Blüher am Teich und empfindlich gegen Spätfröste: die Scheinkalla.

▲ Zum Wuchern neigende Pflanzen wie die Teich-Binse können im Frühling gut geteilt und dezimiert werden.

Der Teich im Sommer

◀ Die routinemäßige Kontrolle des Wasserstands ist im Sommer besonders wichtig.

▲ Wenn sich vor allem zur Brutzeit Enten und andere Wasservögel am Gartenteich ansiedeln wollen, helfen über der Wasseroberfläche gespannte Schnüre.

▲ Selbstaussaat kann gelegentlich zum Problem werden, sorgt aber an anderen Stellen wiederum für eine gute Bodenbedeckung – hier durch das Sumpf-Vergissmeinnicht.

Die Verluste durch Verdunstung sind in längeren Hitzeperioden deutlich merkbar. Um die Uferpartien nicht zu lange trockenfallen zu lassen und die Wasserqualität zu unterstützen, müssen Sie von Zeit zu Zeit das Wasser ergänzen. Hier gilt wie auch beim allerersten Füllen: Das Wasser muss als Teichwasser geeignet sein. Regenwasser ist weich und kann, wenn es nicht durch Dach, Dachrinne oder sonstige Verunreinigungen nachweislich kontaminiert ist, gut zum Nachfüllen verwendet werden. Die tiefere Temperatur hilft ein wenig kühlen. Tägliche oder automatische, durch Schwimmschalter gesteuerte Nachfüllung ist nicht notwendig, denn eine gewisse Dynamik und ein geringfügig schwankender Wasserstand sind für den Teich kein Problem. Bei wochenlanger Abwesenheit im Sommer erleichtert Automatik aber die Wartung. Achten Sie beim Nachfüllen darauf, nicht zu viel Bodensubstrat aufzuwirbeln.

Sauerstoffgehalt überwachen

Bei Wassertemperaturen jenseits der 25 ° sinkt der Sauerstoffgehalt stark ab, dann hilft ein Teilwasserwechsel mit kühlem, am besten weichem, nährstoffarmem Wasser, aber auch das bloße Auffüllen der Verdunstungsverluste kann schon etwas bringen. Algen abfischen gehört in vielen Teichen zur Sommerroutine, ihre direkten Gegenspieler, die Unterwasserpflanzen, können Sie jetzt noch durch Zukäufe oder aus anderen Teichen verstärken. Sie entwickeln sich im warmen Wasser bei ausreichend Licht ebenfalls prächtig und machen den Algen Konkurrenz um Nährstoffe und Platz, ohne selbst allzu lästig zu werden. Werden Hornkraut oder Tausendblatt einmal zu viel, sind sie ganz leicht zu reduzieren. Die herausgekescherten Pflanzen und Algen wandern auf den Kompost.

Abfischen und abschneiden

Nicht nur Algen müssen abgefischt werden, auch üppig entwickelte Schwimmblattpflanzen oder auch die kleinen Wasserlinsen nehmen zu viel Licht weg, wenn sie fast die ganze Teichfläche bedecken. Zwischendurch sollte man immer wieder abgestorbene Pflanzen, treibende Blätter usw. aus dem Teich fischen. Verblühtes sollte bei jenen Pflanzen noch vor der Samenreife entfernt werden, die durch Selbstaussat für überreiche Vermehrung im Gartenteich sorgen. Sonst bedecken hunderte kleine Froschlöffel, Blut-Weideriche oder Seggen den Teichrand.

Oberflächenwasser

Sommerliche Wolkenbrüche schwemmen manchmal viel Oberflächenwasser in den Teich und bringen so Nährstoffe, Düngemittel oder gar Spritzmittel aus landwirtschaftlichen Flächen mit. Vor allem bei Teichen am Hang hat sich eine breite Dränageschicht vor dem Teichufer bewährt, die Oberflächenwasser versickern lässt und den Teich „sauber" hält.

Achtung Bambus!

Vorsicht vor den spitzen Rhizomen der Schilf- und Bambuspflanzen. Sie können mühelos eine Folie durchstechen.

Algen im Sommer – kein Problem!

Start ohne Algen?

Jeder Teich fäng mit einer reinen Illusion an: Wenn die Schwebstoffe, die durch das Befüllen des Teiches, in der Regel mit Trinkwasser aus der Hausleitung, nach ein bis zwei Tagen zu Boden gesunken sind, wird der Teich kristallklar. Sieht schön aus, bleibt aber nicht so. Der Teich, gefüllt mit meist chloriertem, keimfreiem Trinkwasser, ist biologisch tot. Pioniere und Erstbesiedler steigen in den Ring ein, im Kampf ums Überleben. Auch Algen gehören dazu. Nun ist das Gleichgewicht aber keineswegs noch stabil, so dass Neuankömmlinge, und dazu zählen auch Algen, zunächst fantastische Bedingungen vorfinden: weit und breit keine Konkurrenz oder Fressfeinde! So kommt es, dass ein Teich schon nach Wochen eine heftige Trübung durch Schwebealgen erfahren kann. Diese einzelligen, winzig kleinen Organismen vermehren sich explosionsartig auf dem „neuen Planeten" Teich. Sie verschwinden häufig wieder so rasch, wie sie gekommen sind. Ein kompletter Wasserwechsel würde das Rad nur zurückdrehen und die Prozesse von neuem starten.

Woher kommen sie und warum gehen sie nicht?

Algenkeime sind in der Luft, im Boden, im Regenwasser, auf Steinen – einfach überall. Sie gehören als Teil des Nahrungskreislaufs zu jedem Teich wie Mikroorganismen oder Insekten auch. Nur wenn sie sich massenhaft vermehren, haben Sie mit Ihrem Teich ein größeres Problem. Der Wunsch, des grünen, schleimigen Unwesens Herr zu werden, ist aus gärtnerischer Sicht verständlich, für die Wassergüte selbst sind Algen kaum eine Gefahr. Wenn von Algen im Teich gesprochen wird, so sind meist die Faden- oder Jochalgen gemeint. Diese grünen, langen Zellketten können den Teich in relativ kurzer Zeit in einen grünen Tümpel verwandeln. Sie brauchen eine feste Unterlage wie Steine, Folie oder Pflanzen, von wo aus sie sich prächtig entwickeln kön-

▲ Dieser Teich wurde durch geduldiges Abfischen der Algen und ganz ohne Einsatz chemischer Mittel wieder ins Gleichgewicht gebracht.

▼ Es gibt hunderte Algenarten im Teich, am auffälligsten sind die grünen Jochalgen, auch als Fadenalgen bekannt – und gefürchtet.

nen und sich von Zeit zu Zeit auch loslösen. Diese Algenwatten schimmen wie kleine Teppiche auf der Wasseroberfläche und sollten abgefischt werden, ehe sie zu Boden sinken. Jochalgen verursachen aber keine Wassertrübung, im Gegenteil, sie brauchen selbst klares Wasser, um wachsen zu können. Für die Wassertrübung sind die mikroskopisch kleinen Schwebealgen veranwortlich, die eine grüne, braune oder rötliche Trübung hervorrufen.

Chemische und physikalische Reinigungshilfen

Neben Pflanzenkläranlagen, Filtersystemen oder „ökologischen Hilfen" wie pH-Wert-Senkung und Wasserfärbung mit Huminstoffen zum Beispiel durch Torf gibt es am Markt auch Algizide. Ein chemischer Eingriff in das komplexe Ökosystem Teich ist sehr problematisch, wirken sich die Mittel nicht nur auf Algen alleine schädigend aus. Die zu Boden gesunkenen, abgestorbenen Algen werden wieder mineralisiert und setzen Nährstoffe frei, die neues Algenwachstum begünstigen. Ähnliches gilt für physikalische Reinigungshilfen wie UV-Vorklärer (siehe S. 71) oder die Verwendung von Ultraschall zu sagen. Neben dem Problem, dass diese Geräte nur bei bestimmten Algenarten Wirkung zeigen, wird in allen Fällen nur das Symptom nicht aber die Ursache bekämpft.

Ursachen auf den Grund gehen

Die Ursache von vermehrtem Algenwachstum kann vielfältig sein. Hartes Wasser (hohe Carbonathärte), intensive Sonneneinstrahlung und vor allem viel zu nährstoffreiches Wasser sind als Hauptursachen zu nennen. Neben Schwimmblattpflanzen wie z. B. Seerose (*Nymphaea*), Seekanne (*Nymphoides peltata*), Froschbiss (*Hydrocharis morsus-ranae*) oder Wasser-Hahnenfuß (*Ranunculus aquaticus*), die für eine Beschattung der Wasseroberfläche sorgen, spielen vor allem Unterwasserpflanzen für eine gute Wasserreinigung eine wichtige Rolle. Da sie jedoch nicht oder nur unscheinbar blühen und unter der Wasseroberfläche wachsen, tauchen sie häufig nicht auf den Einkaufslisten auf. Hornkraut (*Ceratophyllum demersum*) oder Tausendblatt (*Myriophyllum spicatum*) beziehen die Nährstoffe direkt aus dem Wasser und sind unmittelbare Konkurrenten der Algen. Ohne Kontakt zur Luft müssen sie das Kohlendioxid zur Fotosynthese aus dem Wasser aufnehmen und geben Sauerstoff ab. Damit tragen sie entscheidend zur Verbesserung der Wasserqualität bei.

◀ Konsequentes Abfischen alleine hilft nicht immer. Nur eine gründliche Ursachenforschung zeigt die wahren Probleme auf.

▼ Das Hornblatt verbessert die Wasserqualität erheblich und ist als Unterwasserpflanze ein direkter Konkurrent der Algen.

Der Teich im Herbst

Laubschutznetz

Bäume und Sträucher spenden wertvollen Schatten und sind daher in Teichnähe gern gesehen. Ihr herbstlicher Laubfall stellt aber eine große Belastung für das Wasser dar. Der Abbau der organischen Substanz durch Mikroorganismen verbraucht enorme Mengen an Sauerstoff, der gerade im Winter zum Überleben vieler Tiere besonders wichtig ist. Sind die alten Blätter schließlich im Teich verrottet oder verfault, so stehen plötzlich große Nährstoffmengen zusätzlich zur Verfügung. Auch wenn ein Laubschutznetz nur ein Provisorium für wenige Monate ist, muss für eine zweckmäßige, solide Montage gesorgt werden. Ohne Spannung hängt es durch nasses Laub, Regen oder Wind bald in den Teich. Zwei gegenüberliegende höhere Punkte sind wichtig, um ein Seil gut abzuspannen, auf das das Netz wie ein Dach darüber gezogen wird. Ein paar Holzpflöcke mit Ösen für Karabiner helfen beim Abspannen mit Seilen, Steine am Ufer beschweren die Ränder, damit es der Wind nicht holen kann. Montieren Sie das Netz, bevor die ersten Blätter fallen. Oft kommt der Wetterumschwung im Herbst sehr rasch, und über Nacht haben die Gehölze im ersten Sturm ihr halbes Blätterkleid verloren. Wer zu spät dran ist, wird Mühe haben, unterm Netz nach den bereits im Teich gelandeten Blättern zu keschern.

Abgestorbene Pflanzen entfernen

Stängel und hohle Halme sollten bis zum Frühjahr stehen bleiben, sie dienen der Belüftung durch eine Eisdecke und sind für viele kleine Tiere ein unverzichtbares Winterquartier. Als Belohnung dafür, dass man den Rückschnitt auf den Frühjahrsputz verschiebt, gibt es dann schöne Schneehauben auf den Rohrkolben oder glitzernden Raureif auf den braun gewordenen Blütenständen. Abgestorbene Blätter oder Blüten, die ins Wasser hängen oder im Wasser schwimmen, müssen aber schon bei einer herbstlichen Pflegerunde entfernt werden. Jetzt ist auch eine gute Zeit, um zu groß gewordene Pflanzengruppen zu dezimieren oder umzusetzen.

Winterschutz

Kleine Teiche und Wasserbecken werden entleert und gesäubert, ebenso mobile Miniteiche in Fässern, Trögen oder Keramikgefäßen, deren geringer Wasserkörper beim Durchfrieren das Behältnis sprengen würde. Im Freien brauchen Becken eine stabile Abdeckung, die aus einer soliden Holzplatte, vielleicht mit zwei Griffen rechts und links, gezimmert werden kann. Frostempfindliche Pflanzen müssen nun ins Haus gebracht werden, je nach Ansprüchen reicht die Palette von kalt und dunkel (etwa bei nicht ganz frostharten Seerosen) bis hell und warm ab 15 ° für tropische Gewächse wie Wassersalat oder Wasserhyazinthe. Winterharte Pflanzen aus dem nun entleerten Miniteich finden vorübergehende Aufnahme in einem Gartenteich, wo sie problemlos überwintern können.

Geräte reinigen

Filter, Skimmer, Zuleitungen für Wasserspiele usw. werden im Winter nicht betrieben, am Ende der Saison ist also die beste Gelegenheit fürs Entleeren, Reinigen, Reparieren etc. Auch Pumpen werden nun nicht mehr benötigt und sollten jetzt komplett gereinigt und eingewintert werden: Tauchpumpen, die nicht frostfest sind, werden aus dem Teich geholt und überdauern in einem Kübel Wasser im Keller.

◀ Ohne Laubschutznetz ist der Nährstoffeintrag durch verfaulende Blätter im Teich enorm.

▶ Ein Laubschutznetz sollte schon Mitte bis Ende September gespannt werden.

◀ Mit Steinen lässt sich das Netz am Teichufer beschweren und spannen.

▼ Mit einem scharfen Wasserstrahl lassen sich Pumpen vor dem Einwintern gut reinigen.

▶ Zwischen Seerosenblättern ist das Laub nur schwer abzufischen. Ein Laubschutznetz schafft Abhilfe.

Der Teich im Winter

Wenn alle Vorbereitungen im Herbst getroffen wurden, steht einer problemlosen Winterruhe des Teiches nichts mehr im Wege. Ab einer Tiefe von 80 cm frieren sie nicht bis auf den Teichgrund durch und garantieren daher ein Überleben der hier überwinternden Tiere. Alle Lebensvorgänge werden verlangsamt oder kommen zum Stillstand, bis auf einige wintergrüne Unterwasserpflanzen stellt die Teichflora die Photosynthese ein. Im Teich verbliebene oder eigens zur Überwinterung zugewanderte Tiere reduzieren ihren Stoffwechsel ebenfalls auf ein Minimum. Sind Fische im Teich, so darf ab einer Temperatur von 10 °C nicht mehr gefüttert werden. Viele Lungenatmer wie die Amphibien stellen jetzt auf Hautatmung um, die ihren reduzierten Bedarf normalerweise gut decken kann. In harten Wintern mit einer langen Eisdecke kann es vor allem in Teichen mit Fischen zu Engpässen in der Sauerstoffversorgung kommen. Damit im Frühjahr keine toten Fische oder Kröten und Frösche aus dem Teich geholt werden müssen, sollten Sie regulierend eingreifen.

Eisfreihalter

Es hat sich bewährt, einen kleinen Teil der Eisdecke freizuhalten, damit der Austausch des Wassers mit der Luft nicht unterbrochen wird. So können auch Faulgase entweichen. Auf keinen Fall dürfen Sie das Eis aufhacken, um eine Lücke zu schlagen. Die Erschütterungen und der Schall übertragen sich im Wasser bis auf den Teichgrund und können schweren Schaden unter den

◀ Der Winter schenkt einen klaren Blick – auf den Teich und vielleicht auch auf neue Projekte, Ideen und Erweiterungspläne rund ums Thema Wasser.

▼ Noch vor dem Austrieb im Frühjahr sollten abgestorbene Blätter entfernt werden.

dort ruhenden Tieren anrichten. Eisfreihalter aus Styropor hindern den Teich am Zufrieren. Ein um wenige Zentimeter natürlich oder durch Abpumpen künstlich abgesenkter Wasserspiegel schafft unterm Eis einen luftgefüllten Hohlraum. Oxydatoren können das Wasser zusätzlich mit Sauerstoff anreichern. Teichheizungen sind nur in wenigen Fällen zu rechtfertigen, etwa wenn Koi-Karpfen draußen überwintern müssen.

Kreative Pause

Im Winter ist nicht viel zu tun. Genießen Sie den Anblick des ruhenden Teiches und nutzen Sie die Pause, um ein wenig zu träumen und zu planen. Wäre ein etwas größerer Holzsteg nicht praktischer? Gibt es immer wieder auftretende Probleme, die durch bauliche Änderungen gelöst werden können? Oder schwebt Ihnen sogar eine Teicherweiterung vor, da Sie nun Feuer gefangen haben und ausreichend Platz vorhanden ist? Wollen Sie in der Bepflanzung etwas ändern, neue Arten ausprobieren oder einige aus Ihrem Teich loswerden? So wie „normale" Gartenfreaks im Winter in dicken Samenkatalogen schmökern, um die Vorfreude auf die kommende Saison auskosten zu können, so verlocken Bücher, Zeitschriften und Internet auch Wassergärtner zu der einen oder anderen Änderung.

Schnee auf Eisflächen

Eine dicke Lage Schnee auf dem zugefrorenen Teich nimmt viel Licht weg. Um wintergrünen Unterwasserpflanzen ein besseres Überleben zu sichern, können Sie den Schnee abkehren. Reicht die Tragfähigkeit des Eises noch nicht aus, um diese Arbeit direkt auf dem Teich „zu Fuß" zu erledigen, so helfen quer über den Teich gelegte Pfosten oder Leitern. In sehr seltenen Fällen kann es bei nährstoffreichem Teichwasser aber auch zu Algenblüten unter dem Eis kommen, denn auch sie leben bei mehr Licht auf.

▲ Auch im Winter nach dem Entfernen des Laubschutznetzes gelangen noch Blätter in den Teich.

▶ Zu dicke, zu lange liegende Schneedecken können vom Eis entfernt werden, um den aktiven Unterwasserpflanzen ein wenig mehr Licht zu gönnen.

Pflanzen und Tiere für den Teich

Erklärung der Symbole

↑ 40-80 = Wuchshöhe (Pflanze bzw. Laub/Blüte)

↓ 20-30 = Empfohlene Wassertiefe

= sonniger Standort

= halbschattiger Standort

= schattiger Standort

Einteilung in Zonen

Einzelne Zonen in einem Teich festzulegen, dient einzig und allein der leichteren Orientierung beim Bepflanzen. Einmal gesetzt halten sich weder die Pflanzen daran, noch gibt es allgemeingültige Regeln für diese Einteilung. Hier ist unser Vorschlag, der sich in vielen Praxisjahren bewährt hat. Er soll helfen, jeder Pflanze einen optimalen Startplatz zu geben. Ist sie einmal eingewurzelt, breitet sie sich von selbst in jede Richtung aus, die ihr behagt. Die künstlich gezogenen Grenzen verwischen bald, denn Wasserpflanzen sind wüchsig und wachsen meist ohne Probleme.

Tiefwasserzone ab 30 cm Wasserstand

Im tiefen Wasser wurzeln Schwimmblattpflanzen wie die Seerosen und sorgen für Schatten und damit für Kühlung. In großen Teichen werden auch Tiefen von mehr als 2 Metern erreicht, die meisten Gartenteiche oder Regenerationszonen von Schwimmteichen weisen aber eine Maximaltiefe von 70–100 cm auf. Unterwasserpflanzen finden hier genug Platz und reichern das Wasser mit Sauerstoff an, sie breiten sich aber auch in die flacheren Bereiche zwischen Halmen und Blättern der Flachwasserpflanzen aus.

Flachwasserzone 5–30 cm Wasserstand

Das flache Wasser ist der Hot spot im Teich: hier wachsen die meisten Pflanzen und leben die meisten Tiere. Diese Zone nicht zu schmal ausfallen zu lassen, ist auch deswegen sinnvoll, weil die Auswahl an schönen, interessanten Pflanzen groß ist. Durch verschiedene Wuchshöhen, Farben und Blütezeiten lassen sich Uferbereiche sehr abwechslungsreich gestalten.

Sumpfzone 0–5 cm Wasserstand

Die äußerste Zone des Teiches beherbergt viele schöne Blütenpflanzen. Vor allem im Frühling erfreuen hier Sumpfdotterblumen oder Primeln mit ersten Farbtupfern. Pflanzen dieser Zone stehen mit den Wurzeln gerne feucht und viele halten auch einige Zentimeter Überstauung aus. Das ist auch gut so, denn der durch Hitze, Regenfälle usw. leicht schwankende Wasserstand macht sich hier am Rand bemerkbar. An markanten Stellen ist eine Höhenstaffelung sinnvoll: Die äußersten Pflanzen der Sumpfzone sollten niedrig bleiben, um auch die dahinter wachsenden Schönheiten nicht zu verdecken.

Teichrandzone außerhalb der Abdichtung

Optisch noch zum Teich gehörend, praktisch aber so trocken wie der übrige Garten: diese Schwierigkeit gilt es zu meistern, wenn es um die Bepflanzung des Teichrandes außerhalb der Abdichtung geht. Hier haben sich üppig wachsende Stauden, Gräser oder Farne bewährt, deren Charakter zwar an die Fülle von Wasserpflanzen erinnert, die aber mit normalen Wassergaben auskommen. Manche Arten können sowohl innerhalb als auch außerhalb des Teiches im normalen Gartenboden gedeihen. Diese große Bandbreite von Pflanzen wie Blutweiderich, Wiesen-Schwertlilie oder Wasserdost ist eine große Hilfe, um eine allzu scharfe Grenze zu verwischen, indem man innerhalb wie außerhalb der Folie die gleichen Arten verwendet. Ein durch einen Pflanzengürtel gut eingebetteter Teich wirkt nicht nur natürlicher, er kommt auch den Ansprüchen von Amphibien und Reptilien entgegen.

Die beherrschende Pflanze der Tiefwasserzone ist die Seerose mit ihrem Blätterteppich.

Abrupte Übergänge von Land zu Wasser und zu schmal geratene Flachwasser- und Sumpfzonen lassen einen Folienteich unnatürlich erscheinen.

Pflanzen mit üppiger Blattmasse wie die Funkien sind für die Teichrandzone ideal, denn sie passen gut zu Wasserpflanzen, wachsen aber im normalen Gartenboden.

Die Bepflanzung von Bachläufen beschränkt sich auf Anstaubecken, die auch nach dem Abschalten der Pumpe Wasser führen – und natürlich auf den Uferrand außerhalb der Abdichtung.

Pflanzenauswahl und Teichrandgestaltung

◀ Am besten kann man die Qualität der Wasserpflanzen beurteilen, wenn sie voll ausgetrieben sind.

▼ Zu Naturteichen passen gut Stauden mit Wildcharakter.

▼ Für manche ein Fluch, für andere ein Segen: die Wasserpest reichert als Unterwasserpflanze einen Teich mit Sauerstoff an und ist ein attraktiver Laich- und Versteckplatz für viele Tiere.

▼ Viele Teiche „vergrünen" im Sommer. Mit kräftig gefärbten Stauden am Ufer lässt sich das wenig bunte Sommerloch schließen.

Pflanzenauswahl

Das Sortiment an Wasser- und Sumpfpflanzen ist erfreulich umfangreich, dementsprechend schwierig kann die Auswahl werden. Kriterien gibt es viele, wichtig ist im Grunde nur, dass alle Zonen bepflanzt sind und so mithelfen, ein stabiles Gleichgewicht im Teich aufzubauen und zu erhalten.

- **Blütezeit:** Eine kluge Auswahl zaubert von April bis zum Herbst immer neue Blüten in und an den Teich.
- **Blütenfarben:** Ob kunterbunt oder Ton in Ton, Farbkompositionen sind auch am Wasser reizvoll. Gattungen wie Seerosen oder Iris erleichtern das Farbmischen durch ihre vielen Farbsorten.
- **Wuchshöhe:** Einerseits sollen alle Pflanzen gut zur Geltung kommen, andererseits gibt es immer wieder Bereiche, wo gerade Abgrenzung und Sichtschutz gefragt sind. Von Zwergen bis zu Riesen ist auch unter den Sumpf- und Wasserpflanzen alles vertreten.
- **Wassertiefen:** Alle Zonen sollten ausreichend bepflanzt sein, auf eine ausgewogene Verteilung sollte beim Erstellen des Pflanzplanes oder der Einkaufsliste unbedingt geachtet werden. Die Arten und Sorten sollten zur vorhandenen Teichtiefe passen. Werden etwa Seerosen entgegen ihrer jeweiligen Vorlieben zu flach gesetzt, so türmen sich wahre Blätterberge über dem Wasser und die Blüten bleiben aus.
- **Wasserqualität:** Genügend Schwimmblattpflanzen sorgen für die nötige Beschattung in der heißesten Zeit des Jahres. Auch Unterwasserpflanzen sind im Teich unverzichtbar: Sie reichern das Wasser mit Sauerstoff an und machen den Fadenalgen direkte Konkurrenz.
- **Nutzen für Tiere:** Sumpf- und Wasserpflanzen können Nahrungsquelle, Lebensraum, Laichplatz und Versteck zugleich sein. Die hohlen Halme von Rohrkolben oder Igelkolben dienen Insektenlarven als Winterquartier und belüften den unter einer Eisdecke schlummernden Teich.
- **Heimische Pflanzen:** Im naturnahen Teich liegt der Schwerpunkt auf Pflanzen, die in der Natur bei uns zum Teil schon selten geworden sind. Sie stehen manchen Exoten an Reiz und Schönheit um nichts nach.
- **Exoten:** Pflanzen aus fernen Ländern haben seit Jahren ihren fixen Stammplatz im Sortiment. Subtropische und tropische Gewächse sind als Sommergäste am Teich beliebt.
- **Winterhärte:** Ausgepflanzt im Teich sind die meisten Arten problemlos winterhart, in einem kleinen, frei stehenden Wasserbecken können aber selbst heimische, robuste Arten Schaden nehmen. Für sie und alle Wärme liebenden Arten aus den Tropen braucht es ein frostfreies Winterquartier.
- **Wuchsstärke:** Einer der häufigsten Fehler sind zu schwach oder zu stark wachsende Pflanzen für die gegebene Teichgröße. Während Erstere bald verdrängt werden und verschwinden, sind Wucherer ein großes Problem. Eine durchdachte Bepflanzung spart in den Folgejahren viel Arbeit und viel Ärger. Rhizomsperren können helfen, manche Pflanzen im Zaum zu halten.
- **Wasserbewegung:** In gut frequentierten Schwimmteichen, am Bachlauf oder neben einem großen Quellstein sind Arten gefragt, die viel Wasserbewegung aushalten oder sogar lieben. Bei hohem Wellengang und vor allem bei dauerndem Spritzwasser, sei es von einem Wasserfall oder vom eigens geplanten Sprungfelsen, kümmern Seerosen. Ein ruhiges Plätzchen ist ihnen entschieden lieber.
- **Robustheit:** Rund um Trittsteinwege, am Ufer oder neben einem Steg sollten die Pflanzen gelegentliche Fehltritte nicht allzu übel nehmen. Passen Sie die Bepflanzung der zu erwartenden Belastung an und schaffen sie auch abgeschiedene Refugien.

Pflanzung

Die Angaben zur Wassertiefe sind Empfehlungen für einen optimalen Bereich, innerhalb dessen die Pflanzen gesetzt werden sollten. Viele Wasserpflanzen sind erstaunlich tolerant, was den Wasserstand anbelangt – ein Muss in der Natur, wenn er durch wechselnde Niederschläge stark schwankt. Im Gartenteich mit seinen konstanten Bedingungen lässt sich diese natürliche Dynamik erst dann beobachten, wenn die Pflanzen gut eingewachsen sind und ihre ihnen zugewiesenen Plätze verlassen. Manche Wasserpflanzen bilden in unterschiedlichen Wassertiefen auch verschiedene Blattformen aus. Von bandförmig flutenden oder fein zerteilten Unterwasserblättern über ganzrandige Schwimmblätter bis hin zu wiederum völlig anders gestalteten „Überwasserblättern" kann dieselbe Pflanze an zwei verschiedenen Standorten ganz unterschiedlich aussehen. Die Beschreibung der Blätter bei den folgenden Porträts bezieht sich immer auf die angegebene, empfohlene Wassertiefe.

Wassertiefe

Ein Tipp aus der Praxis: Setzen Sie die Pflanzen lieber ans untere (flachere) Limit des angegebenen Wasserstandes – ins tiefere Wasser wandern sie von selbst, wenn sie einmal eingewachsen sind. Werden Jungpflanzen, die noch nicht ihre volle Größe erreicht haben, zu tief gesetzt, so entwickeln sie sich schlecht oder sterben sogar ab. In den Gärtnereien werden Wasserpflanzen meist in sehr niedrigem Wasserstand gezogen, ihr Erscheinungsbild entspricht daher auch diesen Bedingungen. Der Start im Teich zu Hause fällt also leichter, wenn sie vom flacheren Wasser aus ins Tiefe wachsen können anstatt umgekehrt. Augenscheinlich noch sehr kleine, gekaufte Exemplare von Seerosen gewöhnt man am besten stufenweise ans tiefe Wasser, indem man den Pflanzkorb anfangs noch höher stellt und dann im Zuge des Blattwachstums langsam tiefer senkt.

Pflanzen

Die Königin zuerst: Seerosen und andere Schwimmblattpflanzen werden in den halb gefüllten Teich an der passenden Stelle ausgepflanzt. Pflanzen der Flachwasser- und Sumpfzone werden zunächst einmal ausgelegt und so lange umgruppiert, bis jede den richtigen Platz gefunden hat. Dann erst sollten Sie sie austopfen und ins Teichsubstrat setzen. Kleine Gruppen wirken dabei natürlicher als ein Durcheinander von Einzelpflanzen. Erst wenn alle Sumpf- und Wasserpflanzen gesetzt sind, wird der Teich komplett eingelassen. Frei schwebende Unterwasserpflanzen werden einfach ins Wasser geworfen, wurzelnde Arten ins Teichsubstrat gedrückt und mit einem Stein beschwert.

Pflanzkörbe

Frostempfindliche Pflanzen müssen im Herbst ins Haus übersiedeln. Diese jährlichen „Umzüge" gehen wesentlicher einfacher über die Bühne, wenn die Pflanzen in Körben wurzeln. Auch Seerosen und stark wachsende Arten werden gerne in Körbe gepflanzt, Ausläufer und Rhizome wachsen aber durch die Löcher oder über den Rand oben hinaus – ein Korb ist keine dauerhaft sichere Schranke für Wucherer!

▲ Auch in schon eingewachsenen Teichen können neue Pflanzen gesetzt werden, um die Artenvielfalt zu erhöhen.

▼ Werden Seerosen zu groß, können sie geteilt werden.

▲ Statt Pflanzkörben aus Kunststoff kann man auch auf natürliche Materialien wie Kokosfasern zurückgreifen.

Sumpf- und Flachwasserzone

Das flache Wasser vom Teichrand bis in eine Tiefe von etwa 30 cm ist der dynamischste Teil des Teiches. Hier wachsen die meisten Pflanzen und tummeln sich unzählige große und kleine Tiere. Diese beiden Zonen sollte daher auf keinen Fall zu schmal geraten, bei einer für reiches Tierleben optimalen Neigung von 3:1 oder flacher fallen bei Folienteichen die Flachwasserbereiche ausreichend großzügig aus. Während die Übergänge zwischen den beiden Zonen fließend sind, stellt der Folienrand eine scharfe Grenze dar.

Kalmus

Acorus calamus

↑ 80-100 ↓ 0-20

Wuchs: starkwüchsig, Ausbreitung durch knolliges Rhizom
Blattform: schwertförmig, im Unterschied zur sehr ähnlichen Sumpf-Iris deutliche Mittelrippe und Rand durch Querfältelung wellig
Blüte: Juni bis Juli, in 15 cm Höhe sitzender, seitlicher, bis 8 cm langer Blütenkolben, anfangs weißlich-grünlich, später braun werdend
Wasserstand: 0 bis 20 cm
Herkunft: heimisch (eingebürgert aus den asiatischen Subtropen seit dem 16. Jahrhundert)
Besonderheiten: nicht in zu kleinen Teichen verwenden (starkwüchsig), Rhizom und Blätter riechen stark aromatisch, Heilpflanze, Samen reifen bei uns nicht aus.
Interessante Sorten: 'Variegatus' mit längs gestreiften Blättern
Weitere Arten: *Acorus gramineus* ist kleinwüchsiger, aber nicht sicher winterhart.

Froschlöffel

Alisma plantago-aquatica

↑ 40-80 ↓ 10-30

Wuchs: horstig, knolliges Rhizom, Blätter bilden Rosette
Blattform: länglich-herzförmig, aufrecht und lang gestielt, entfernt an einen Löffel erinnernd
Blüte: Juni bis August, zarter, lockerer, sehr dekorativer Blütenstand mit vielen kleinen, weißen oder rosa Blüten in mehreren Etagen
Wasserstand: 10 bis 30 cm
Herkunft: heimisch
Besonderheiten: Einzelpflanze in Solitärstellung wunderschön, aber starke Vermehrung durch Selbstaussaat, Blütenstände daher vor Samenreife schneiden! In manchen Sommern wird das Laub durch einen Brandpilz unansehnlich und braun
Weitere Arten: *Alisma lanceolatum* hat schmälere Blätter.

Igelschlauch

Baldellia ranunculoides

↑ 5-20 ↓ 0-5

Wuchs: horstig, zierliche Pflanze, grundständige Blätter in straff aufrechter Rosette vereint
Blattform: schmal lanzettlich, durch Stiel länger erscheinend
Blüte: Juni bis September, Dauerblüher, dreiteilige, kleine Einzelblüte weiß bis hellrosa mit gelber Mitte
Wasserstand: 0 – 5 cm
Frucht: kleine, kugelige Köpfchen
Herkunft: heimisch (in Deutschland stark gefährdet, fehlt in Österreich)
Besonderheiten: auch für kleinste Teiche und Becken geeignet, kann auch tiefer bis 40 cm stehen, ist dann winterhart, blüht aber kaum

Schwanenblume, Blumenbinse
Butomus umbellatus

↑ 50-100 ↓ 20-30

Wuchs: Ausbreitung durch Rhizom
Blattform: grasartig linealische, 1 cm breite Blätter
Blüte: Juni bis August, runder Blütenstiel mit großem, doldigem, sehr dekorativem Blütenstand und bis zu 30 Blüten, rosa oder weiß mit dunkelroter Äderung, angenehmer Duft
Wasserstand: 20 bis 30 cm
Herkunft: heimisch
Besonderheiten: braucht ausreichende Versorgung mit Nährstoffen, sonst Kümmerwuchs und kaum Blüten, bildet langsam größere Bestände aus, wird aber niemals lästig
Interessante Sorten: 'Schneeweißchen' mit weißen Blüten, 'Rosenrot' mit dunkelrosa Blüten

Sumpf-Calla, Drachenwurz
Calla palustris

↑ 25 ↓ 0-5

Wuchs: langsam an der Oberfläche kriechendes, grünes Rhizom
Blattform: herzförmige, dunkelgrüne, feste, gestielte Blätter (gern mit Schweineohren verglichen)
Blüte: Juni bis Juli, auffallend ist vor allem das weiße Hochblatt, Blütenkolben gelblich-grünlich
Frucht: leuchtend rote, giftige Beeren
Wasserstand: 0 bis 10 cm, wächst vom Ufer mit schwimmfähigen Trieben ins tiefere Wasser hinein
Herkunft: heimisch
Besonderheiten: bevorzugt leicht sauren Boden und weiches Wasser, für kleine Teiche interessanter Blickfang, liebt nährstoffreiche Verhältnisse, tolle Pflanze für den Schatten

Sumpfdotterblume
Caltha palustris

↑ 20-30 ↓ 0-5

Wuchs: horstig
Blattform: herz- bis nierenförmig, dunkelgrün, derb, Ränder gezackt
Blüte: März bis Mai, glänzend goldgelb
Wasserstand: 0 bis 5 cm
Herkunft: heimisch
Besonderheiten: unverzichtbarer Frühblüher am Teich, auch am Rand von Bachläufen, kann bei Trockenheit und Sonne durch Mehltau unansehnlich werden, daher mit anderen Pflanzen kombinieren, etwa mit Sumpf-Vergissmeinnicht, im Schatten bleiben Blätter lange schön
Interessante Sorten: 'Alba' mit weißer Blüte, 'Plena' hat gelbe, gefüllte Blüten, die keine Samen hervorbringen und daher auch nicht durch Selbstaussaat lästig werden.

Zyperngras-Segge
Carex pseudocyperus

↑ 40-80 ↓ 0-5

Wuchs: horstiges Gras, bildet lockere Blattrosetten
Blattform: grasartig, W-förmig gefalteter Blattquerschnitt (typisch für Seggen), ähnliche Hüllblätter des Blütenstandes werden sehr lang und überragen Blütenstand weit, Gras daher zur Blütezeit höher erscheinend
Blüte: Mai bis Juni, Stängel typisch dreikantig und bogig überhängend, oberste, braune Ähre männlich, darunter 3–5 weibliche hellgrüne, hängende Ähren, die zur Samenreife braun werden
Wasserstand: 0 bis 5 cm
Herkunft: heimisch
Besonderheiten: für naturnahe Teiche oder große Sumpfbeete, braucht aber nährstoffreichen Boden, bildet durch Selbstaussaat größere Bestände
Weitere Arten: Die häufiger angebotene *Carex riparia* ist für die meisten Gartenteiche durch starke Ausläufer zu wüchsig.

Zyperngras

Cyperus longus

↑ 80-100 ↓ 0-20

Wuchs: durch unterirdische Ausläufer größere Bestände bildend
Blattform: grasartig, elegant überhängend, glänzend grün
Blüte: Juni bis Juli, rotbraune Blüten sind sehr lange dekorativ
Wasserstand: 0 bis 20 cm
Herkunft: heimisch (sehr selten), stammt vermutlich aus dem mediterranen Raum

Besonderheiten: wüchsige Pflanze für nährstoffreiche Verhältnisse, nicht für kleine Teiche verwenden
Weitere Arten: *Cyperus papyrus* ist eine bis 2 m hohe, stattliche Pflanze für den Wintergarten, *Cyperus alternifolius* wird 1 m hoch und ist für Miniteiche oder Sommeraufenthalte im Gartenteich interessant.

Scheidiges Wollgras

Eriophorum vaginatum

↑ 25-40 0

Wuchs: horstartig, kompakter Wuchs, Ausläufer fehlen
Blattform: dünne, 1 mm breite, grasartige Blätter
Blüte: April-Mai, endständige Ährchen, unauffällig
Frucht: typisches weißes Wollschöpfchen
Wasserstand: 0 cm (Sumpf)
Herkunft: heimisch

Besonderheiten: gedeiht nur in saurem Substrat und weichem Wasser, bleibt kompakt und wuchert nicht im Vergleich zu anderen Wollgras-Arten
Weitere Arten: *Eriophorum angustifolium* (Schmalblättriges Wollgras) ist etwas höher im Wuchs und breitet sich durch Ausläufer stark aus.

Wasserdost

Eupatorium cannabinum

↑ 100-140 ↓ 0-5

Wuchs: horstig, stattliche Pflanze
Blattform: handförmig gefiedert mit drei bis sieben Fiedern
Blüte: Juli bis September, rosa, Narben ragen aus Blütenröhren heraus, was die Blüte auch aus der Nähe sehr hübsch macht
Wasserstand: 0 bis 5 cm
Herkunft: heimisch

Besonderheiten: wertvoller Spätsommerblüher für große Teiche, von Schmetterlingen häufig besucht, Achtung Selbstaussaat: Rückschnitt gleich nach der Blüte empfohlen, gedeiht auch in normalem Gartenboden

Sumpf-Wolfsmilch

Euphorbia palustris

↑ 60-150 ↓ 0-5

Wuchs: horstig, stattliche, kompakte Pflanze
Blattform: schmal elliptisch, weidenähnlich
Blüte: Mai bis Juni, Blütenstand mit in der Masse sehr auffälligen und attraktiven, gelben Blüten
Wasserstand: 0 bis 5 cm
Herkunft: heimisch

Besonderheiten: wächst langsam, in Solitärstellung mit viel Platz rundum wunderschön, leuchtend orangerote Herbstfärbung, giftiger Milchsaft

Bach-Nelkenwurz
Geum rivale

↑ 20-40 0

Wuchs: horstig
Blattform: Rosettenblätter gefiedert mit großer Endfieder, Stängelblätter dreiteilig
Blüte: Mai bis Juni, nickende kleine Glocken in lockerem Blütenstand, durch die großen Kelchblätter rotbraun erscheinend, eigentliche Blütenblätter fahlgelb, rotbraun überlaufen
Wasserstand: 0 cm (Sumpf)
Herkunft: heimisch
Besonderheiten: die ideale Begleitung für Bachufer

Sumpf-Gladiole
Gladiolus palustris

↑ 30-60 0

Wuchs: horstig, zarte, aber auffallende Erscheinung
Blattform: schwertförmig, 1 cm breit, aufrecht stehend
Blüte: Juni, hoher Blütenstand mit trichterförmigen Blüten in leuchtendem Dunkelrosa, alle nach Gladiolenart nach einer Seite gerichtet
Wasserstand: 0 cm (Sumpf)
Herkunft: heimisch
Besonderheiten: setzt deutlichen Farbakzent, schöne Solitärpflanze neben schwächerwüchsigen, kleineren Nachbarn, Knollenpflanze, zieht im Juli nach der Blüte ein, Knollen im September setzen, vermehrt sich aber auch durch Selbstaussaat.

Gottesgnadenkraut
Gratiola officinalis

↑ 30 ↓ 0-5

Wuchs: bodendeckend durch aufrecht stehende Triebe aus kriechenden Rhizomen, Stängel vierkantig
Blattform: länglich-lanzettlich, jeweils zwei gegenständig sitzend, das nächste Paar um 90° versetzt, Blattrand gesägt
Blüte: Juni bis August, kleine, weiße, hellrosa angehauchte, gestielte Blüten, einzeln aus den Blattachseln, Schlund gelb und bärtig
Wasserstand: 0 bis 5 cm
Herkunft: heimisch (selten)
Besonderheiten: schön als „Unterwuchs“ zwischen höheren Röhrichtpflanzen wie Rohrkolben oder als Lückenfüller an kahlen Stellen, in kleinen Teichen aber zu starkwüchsig, bevorzugt kalkarme Standorte, giftig

Tannenwedel
Hippuris vulgaris

↑ 30-40 ↓ 10-30

Wuchs: im Schlamm kriechendes Rhizom, daraus wachsen unverzweigte, dicht beblätterte Stängel, deren oberster Teil aus dem Wasser ragt
Blattform: nadelförmig und waagrecht abstehend in mehreren Quirlen übereinander, dunkelgrün, Pflanze erinnert an einen kleinen Schachtelhalm oder Tannenzweig, unter Wasser sind die Blätter länger, dünn und schlaff
Blüte: Juni bis August, winzige und unauffällige, rötlich braune Einzelblüten in den Blattachseln
Wasserstand: 10 bis 30 cm
Herkunft: heimisch
Besonderheiten: Breitet sich stark aus, daher nur für große Teiche zu empfehlen, bildet Winterknospen aus.

Iris

Gelbe Sumpf-Schwertlilie

Iris pseudacorus

Wuchs: kräftige Rhizome und breite, dekorative Horste bildend, schwächere Nachbarn mit der Zeit verdrängend
Blattform: schwertförmige, aufrechte Blätter, mit bis zu 3 cm breiter als bei den anderen Arten
Blüte: Mai bis Juni, Blütenstand mit mehreren großen Blüten, goldgelb mit dünkleren Saftmalen, äußere, herabhängende Blütenblätter sind bartlos und deutlich größer und breiter als die inneren, aufrecht stehenden
Wasserstand: 0 bis 20 cm
Herkunft: heimisch
Besonderheiten: sehr schön als Hintergrundpflanze (höchste aller Sumpfiris-Arten!), robust, langlebig, entwickelt im Halbschatten mehr Laub und blüht weniger, giftig in allen Teilen
Interessante Sorten: Es gibt nur wenige Sorten, zum Beispiel 'Variegata' mit gelbgrün längsgestreiften Blättern.

↑ 80-120 ↓ 0-20

Eine große Vielfalt an Arten und Sorten macht die Verwendung der Schwertlilien am Teich so attraktiv. Für jeden ist da etwas dabei: Vom Liebhaber natürlicher, robuster Arten bis hin zum Freak, der anspruchsvolle Schönheiten pflegt, ist alles da. Da einige Arten auch im normalen Gartenboden wachsen können, andere aber bis zu 20 cm Wasserstand aushalten, eignen sich Iris wie keine zweite Gattung dazu, für sanfte Übergänge im Gartenteich zu sorgen.
Der Star unter den im Wasser wachsenden Iris-Arten ist – Allüren und hohe Ansprüche inklusive – die Japanische Sumpf-Schwertlilie mit ihren bizarren, mitunter erstaunlich großen Blüten.

Geheimnisvolle Irisblüte

Der Bau der Blüte ist kompliziert und gibt nicht auf den ersten Blick alle ihre Geheimnisse preis. Sie besteht nur scheinbar aus drei Einzelblüten, eigentlich hat sie bloß einen inneren Kreis an aufrecht stehenden Domblättern, und einen äußeren Kreis. Über jedem dieser drei äußeren Hängeblätter schmiegt sich eng die Narbe unter einem blütenblattähnlichen Ast, wodurch sich eine enge Röhre ergibt, an deren Basis Nektar lockt. Eine Herausforderung für Blüten bestäubende Insekten, von denen nur die kräftigen Hummeln dieser Aufgabe gewachsen scheinen.

Sumpf-Schwertlilie
Iris laevigata

↑ 60-70 ↓ 0-20 ☀

Wasserstand: 0 bis 20 cm
Besonderheiten: kann ganzjährig im Wasser stehen, wächst schwächer als *Iris pseudacorus*, große, auffallende Blüten, zahlreiche, auch gefüllte und zweifärbige Sorten in den Farben Weiß, Rosa, Blau, Lila.

Amerikanische Sumpf-Schwertlilie
Iris versicolor

↑ 80 ↓ 0-20 ☀

Wasserstand: 0 bis 20 cm
Besonderheiten: kann ganzjährig im Wasser stehen, gedeiht aber auch in normalem Gartenboden, auch für Miniteiche gut geeignet, versamt sich leicht, einige wenige Sorten werden kultiviert in den Farben Weiß, Rosa, Purpur, Lila.

Japanische Sumpf-Schwertlilie
Iris ensata

↑ 60-90 ↓ 0-5 ☀

Wasserstand: 0 cm (Sumpf)
Besonderheiten: bezaubert durch besonders große, flach ausgebreitete Blüten, anspruchsvoll, liebt kalkarmen, feuchten, im Winter aber trockenen Boden, daher am besten in eigenen Kübel oder saures Sumpfbeet pflanzen, zahlreiche, auch als *Iris-Kaempferi-Hybriden* bekannte Sorten in den Farben Weiß, Rosa, Purpur, Blau, Lila, darunter auch viele japanische Züchtungen.

Wiesen-Schwertlilie
Iris sibirica

↑ 80-100 0 ☀

Wasserstand: 0 cm (Sumpf)
Besonderheiten: grasähnliche, schmale Blätter, zahlreiche Sorten in den Farben Weiß, Gelblich, Rosa, Purpur, Blau, Lila, vor allem großblumige Züchtungen gleichen in ihren Ansprüchen eher Beetstauden als Sumpfpflanzen, daher auch für Teichrand außerhalb der Abdichtung gut geeignet.

Zwerg-Binse

Juncus ensifolius

↑ 20-25 ↓ 0-5

Wuchs: wächst bodendeckend durch kurze Rhizome
Blattform: schmal grasartig bis schwertblättrig (Blätter erinnern ein wenig an eine kleine Iris), im Querschnitt
Blüte: Juli bis August, braune, am Halmende sitzende Blüte, durch anschließenden, recht ähnlichen Fruchtschmuck scheinbar lange Blütezeit, bis weit in den Herbst zierend
Wasserstand: 0 bis 5 cm
Herkunft: Nordamerika

Besonderheiten: guter Bodendecker zwischen Röhrichtpflanzen, nicht für kleine Teiche
Weitere Arten: Die heimische, rundstielige Art *Juncus effusus* ist starkwüchsig.

Sumpf-Porst

Ledum palustre

↑ 60-120 0

Wuchs: immergrüner Strauch
Blattform: kleine, ledrige Blätter, am Rand umgerollt, Unterseite filzig behaart
Blüte: Mai bis Juni, am Ende der Zweige dichte Blütenstände mit vielen kleinen weißen Blüten, starker Duft
Wasserstand: 0 cm (Sumpf)
Herkunft: heimisch

Besonderheiten: für saure Böden (ähnlich Wollgras), giftig

Scheinkalla

Lysichiton americanus

↑ 25-80 0

Wuchs: horstig, wächst langsam, Pflanze wird sehr alt
Blattform: auffallend große Blätter erscheinen erst nach den Blüten
Blüte: ab April bis Mai vor den Blättern, mit 25 cm auffallend große, leuchtend gelbe Hochblätter, umhüllen den grünlichgelben Blütenkolben, unangenehmer, schwacher Geruch (Bestäubung durch Fliegen und andere Insekten)
Wasserstand: 0 cm (Sumpf)
Herkunft: Nordamerika

Besonderheiten: wegen der frühen Blüte durch Spätfröste gefährdet, nur auf kalkarmen, tiefgründigen und nährstoffreichen Standorten empfehlenswert

Sibirische Scheinkalla

Lysichiton camtschatcensis

↑ 20-70 0

Wuchs: horstig, wächst langsam, in allem kleiner als die vorige Art
Blattform: Blätter erscheinen nach den Blüten
Blüte: ab April bis Mai, weiße Hochblätter
Wasserstand: 0 cm (Sumpf)
Herkunft: Ostasien von Kamtschatka über Japan bis Sibirien

Besonderheiten: wegen der frühen Blüte durch Spätfröste gefährdet, nur auf kalkarmen, tiefgründigen und nährstoffreichen Standorten empfehlenswert

Pfennigkraut
Lysimachia nummularia

↑ 5 ↓ 0-5

Wuchs: kriechender Wuchs durch bis zu 50 cm lange Ausläufer, die sich an den Knoten bewurzeln, Boden deckend
Blattform: klein, mehr oder weniger rund (Name!)
Blüte: Juni bis Juli, leuchtend gelbe, kurzgestielte Blüten in den Blattachseln der Blätter
Wasserstand: 0 bis 5 cm
Herkunft: heimisch
Besonderheiten: gut zum Kaschieren von unschönen Stellen, wächst auch im normalen Gartenboden und untergetaucht in den tieferen Teich hinein, guter Bodendecker dort, wo sich Triebe bewurzeln können (nicht über Schotter)

Strauß-Felberich
Lysimachia thyrsiflora

↑ 30 ↓ 0-20

Wuchs: bildet Ausläufer, Pflanze unverzweigt
Blattform: schmal-lanzettlich, an Weidenblätter erinnernd, jeweils zwei gegenständig sitzend, das nächste Paar um 90° versetzt, höhere Blätter größer als jene an der Stängelbasis
Blüte: Mai bis Juni, gelbe, an blühende Weidenkätzchen erinnernde, kurz gestielte Blütenstände in den Blattachseln der Blätter
Wasserstand: 0 bis 20 cm
Herkunft: heimisch
Besonderheiten: bevorzugt weiches Wasser, kann an zu kleinen Teichen sowohl durch Ausläufer als auch durch Selbstaussaat wuchern: rechtzeitig dezimieren oder Keimlinge entfernen, wagt sich auch ins tiefere Wasser vor

Blut-Weiderich
Lythrum salicaria

↑ 70-150 ↓ 0-20

Wuchs: horstig, verholzter Wurzelstock, keine Ausläufer
Blattform: schmal lanzettlich, weidenähnlich
Blüte: Juli bis August, lange, schlanke Ähren mit vielen purpurrosa Blüten, wertvoller Sommerblüher
Wasserstand: 0 bis 20 cm
Herkunft: heimisch
Besonderheiten: Schmetterlingsmagnet, Achtung Selbstaussaat: verblühte Blütenstände abschneiden, Garten-Hybriden wachsen auch in normalem Gartenboden
Interessante Sorten: 'Feuerkerze' hat dichtere Blüten, 'Zigeunerblut' besticht durch leuchtend dunkelroten Farbton

Wasser-Minze
Mentha aquatica

↑ 40-50 ↓ 0-10

Wuchs: flächiger Wuchs durch Ausläufer
Blattform: typische Minzenblätter, rötlich überlaufen, aromatischer Duft
Blüte: Juli bis September, endständige rosa-lila kugelige Köpfchen, intensiver Duft
Wasserstand: 0 bis 10 cm
Herkunft: heimisch
Besonderheiten: Blätter können auch als Tee oder als Deko für kühle Sommergetränke oder Desserts verwendet werden, in Sitzplatznähe verwenden, wo Duft zum Tragen kommt, verdrängt schwächere Nachbarn

Fieberklee
Menyanthes trifoliata

↑ 15-30 ↓ 10-20

Wuchs: Ausbreitung durch lange, kriechende Ausläufer, die auch schwimmen können
Blattform: dreizählige Blätter, deutlich größer als Klee, dick und ledrig
Blüte: Mai bis Juni, Blütenstand mit 10 bis 20 weißen, hübsch gefransten Blüten
Wasserstand: 10 bis 20 cm
Herkunft: heimisch
Besonderheiten: sehr wüchsig und konkurrenzstark, wächst vom Flachwasser in tiefere Bereiche hinein, bildet dort schwimmende Decken aus, ist aber leicht zu dezimieren, bevorzugt kalkarmen Standort

Brunnenkresse
Nasturtium officinale

↑ 230 ↓ 0-10

Wuchs: flächige Ausbreitung durch Ausläufer
Blattform: gefiederte Blätter, auch im Winter grün
Blüte: April bis Juli, weiße, kleine, nicht besonders zierende Blüten
Wasserstand: 0 bis 10 cm, auch an fließendem Wasser
Herkunft: heimisch
Besonderheiten: scharfer Geschmack, als Zutat zu Salaten geschätzt, früher als Vitamin-C-Quelle gesammelt, ideal für Bachufer, liebt kühles, sauerstoffreiches Wasser, Achtung Selbstaussaat!

Goldkeule
Orontium aquaticum

↑ 10-40 ↓ 10-20

Wuchs: horstig, kriechende Rhizome bilden Tochterhorste
Blattform: blaugrün, zungenförmig, im flachen Wasser grundständige, aufrechte, dichte Rosette
Blüte: Mai bis Juni, an bis 40 cm langen, weißen Stielen stehen über den Blättern gelbe, 10 cm lange Blütenkolben, kaum breiter als der Stängel
Wasserstand: 10 bis 20 cm: je tiefer der Wasserstand, desto mehr verhält sich die Pflanze wie eine Schwimmblattpflanze
Herkunft: östliche USA
Besonderheiten: braucht tiefgründigen Boden, ist bei flachem Stand nicht 100 % winterhart

Hechtkraut
Pontederia cordata

↑ 50-70 ↓ 10-30

Wuchs: horstig durch kurzes Rhizom
Blattform: länglich mit herzförmigem Grund, stattlich, tiefgrün, glänzend, zierend
Blüte: Juli bis September, 20 cm große Ähren mit blauen Blüten
Wasserstand: 10 bis 30 cm
Herkunft: Nordamerika
Besonderheiten: bringt die seltene Farbe Blau ans Wasser, aber nicht ganz winterhart, in tieferem Wasser (ab 30 cm) ist das überwinternde Rhizom besser gegen Erfrieren geschützt, liebt nährstoffreiche Bedingungen

Zungen-Hahnenfuß

Ranunculus lingua

↑ 80-100 ↓ 10-30

Wuchs: Rhizom treibt lange unterirdische Ausläufer
Blattform: länglich-lanzettlich (Name!), bis 20 cm lang und 8 cm breit
Blüte: Juni bis Juli, goldgelbe typische Hahnenfuß-Blüten
Wasserstand: 10 bis 30 cm
Herkunft: heimisch
Besonderheiten: nur in sehr großen Teichen frei setzen, sonst in wurzeldichtes Pflanzgefäß, liebt nährstoffreichen Boden, giftig

Pfeilkraut

Sagittaria sagittifolia

↑ 30-50 ↓ 10-30

Wuchs: kriechende, unterirdische Rhizome
Blattform: typisch pfeilförmig, in tiefem Wasser schwimmen die Blätter am Wasser, sonst stehen sie dekorativ aufrecht
Blüte: Juli, Blütenstände mit weißen, dreizähligen Blüten und gelben Staubblättern in der Mitte (gelegentlich mit purpurnem Saftmal)
Wasserstand: 10 bis 30 cm
Herkunft: heimisch
Besonderheiten: nur in großen Teichen frei setzen, überwintert mit walnussgroßen Knollen am Ende langer, im Herbst gebildeter Ausläufer, sehr tolerant gegenüber verschiedenen Wasserständen mit jeweils verschiedenen Blattformen

Teich-Simse

Schoenoplectus lacustris

↑ 100-200 ↓ 20-30

Wuchs: weit kriechende, unterirdische Rhizome
Blattform: blattloser, dunkelgrüner Halm, unten runder Querschnitt, oben oval bis dreikantig
Blüte: Juli bis September, brauner Blütenstand seitlich am Ende des Halmes sitzend, Hüllblatt sieht wie Verlängerung des Halmes aus
Wasserstand: 20 bis 30 cm
Herkunft: heimisch
Besonderheiten: enorme Wuchskraft durch kräftige Rhizome, daher nur in wurzeldichten Gefäßen oder frei in sehr großen Teichen verwenden, wagt sich in große Tiefen vor
Interessante Sorten: *Sch. lacustris* 'Albescens' mit längs gestreiften Halmen, *Sch. tabaernaemontani* 'Zebrinus' mit quer gestreiften Halmen

Igelkolben

Sparganium erectum

↑ 100-150 ↓ 10-30

Wuchs: weit kriechende, unterirdische Rhizome
Blattform: lang und grasartig, dreieckiger Querschnitt, innen schwammartiges Gewebe
Blüte: Juli bis August, Blütenstand mit grünlichen Kugeln aus mehreren Einzelblüten: größere, weibliche, stachlig wirkende unten, kleinere männliche oben
Frucht: stachlige, dekorative Kugeln
Wasserstand: 10 bis 30 cm
Herkunft: heimisch
Besonderheiten: farblich unscheinbar, aus der Nähe betrachtet aber sehr dekorativ, nur in sehr großen Teichen verwenden
Weitere Arten: *Sparganium emersum* bleibt mit 60 cm kleiner, *Sparganium minimum* wird nur 20 cm hoch.

Sumpffarn
Thelypteris palustris

↑ 40-50 ↓ 0-10

Wuchs: drahtiges Rhizom treibt Ausläufer und bildet dichte Bestände
Blattform: zart wirkende Farnwedel von 50–60 cm Länge
Blüte: keine Blüten, Vermehrung über Sporen
Wasserstand: 0 bis 10 cm
Herkunft: heimisch
Besonderheiten: bringt als Farn Abwechslung ans Teichufer, auch für volle Sonne, wenn er im Wasser steht, sehr schön als Bodendecker zwischen Röhrichtpflanzen, das helle Grün ist ein erfrischender Anblick im Sommer

Schmalblättriger Rohrkolben
Typha angustifolia

↑ 150-200 ↓ 20-30

Wuchs: kriechendes, kräftiges Rhizom
Blattform: ca. 1 cm breite, max. 2 m lange, blaugrüne Blätter
Blüte: Juni bis Juli, am Blütenkolben sitzen unten die weiblichen, oben die männlichen Blüten
Frucht: bekannte hellbraune, samtige, mit 20 cm sehr lange „Zigarren" aus tausenden kleinen, behaarten Samen, Fruchtreife im Herbst
Wasserstand: 20 bis 30 cm
Herkunft: heimisch
Besonderheiten: sehr robust und konkurrenzstark, daher nur an großen Teichen verwenden, wirkungsvolle Pflanze für Hintergrund und Sichtschutz

Kleiner Rohrkolben
Typha minima

↑ 50-70 ↓ 0-20

Wuchs: schwächer kriechendes Rhizom
Blattform: grasartig schmal
Blüte: Mai bis Juni, am Blütenkolben unten die weiblichen, oben die männlichen Blüten zu finden
Frucht: Kolben kugelig bis oval und 3–4 cm lang, Fruchtreife schon Anfang Sommer, löst sich daher früher als andere Rohrkolben-Arten in tausende kleine Samen auf, dunkler als bei *Typha angustifolia*
Wasserstand: 0 bis 20 cm
Herkunft: heimisch in Teilen Europas bis nach Japan
Besonderheiten: auch für kleine Teiche und Wasserbecken geeignet, schöne ockerfarbene Herbstfärbung der Halme und Blätter

Bachbunge
Veronica beccabunga

↑ 30-60 ↓ 0-20

Wuchs: oberirdisch kriechendes Rhizom
Blattform: elliptisch, ein wenig dickfleischig, dunkles Grün, wintergrün
Blüte: Mai bis September, in den Blattachseln erscheinen kurze Blütenstände mit himmelblauen, kleinen Blüten
Wasserstand: 0 bis 20 cm
Herkunft: heimisch
Besonderheiten: besonders für Bachläufe zu empfehlen, auch gut zwischen Röhrichtpflanzen, Vitamin C-reiches Wildgemüse für Salate, liebt Wasserbewegung, Rückschnitt gleich nach der Blüte bewirkt oft zweiten Flor und verhindert allzu starke Selbstaussaat.

Schwimmblattpflanzen und Unterwasserpflanzen

Ans flache Wasser schließt jene Zone an, in der Pflanzen mit Schwimmblättern dominieren. Sie sind im Teich sehr wichtig, denn ihre Blätter bedecken und beschatten einen Teil der Wasseroberfläche und helfen daher mit, eine gute Wasserqualität zu erhalten. Ihr Geheimnis sind lange, biegsame Stängel, die Blätter und Blüten mit den am Grund verankerten Rhizomen verbinden. Ganz anders die Unterwasserpflanzen: Sie leben untergetaucht und ohne feste Verbindung zum Grund.

Afrikanische Wasserähre

Aponogeton distachyos

↑ 10 ↓ ab 30

Wuchs: bildet Knolle, wächst horstig (ähnlich Seerose)
Blattform: länglich-ovales Schwimmblatt
Blüte: Juni bis Oktober mit einer Wachstumspause im Hochsommer, lange, flutende Blütenstiele, interessante, exotische Blütenform, weiß, Duft nach Vanille
Wasserstand: ab 30 cm
Herkunft: Südafrika
Besonderheiten: in Wassertiefen ab 50 cm zuversichtlich überwinternd, sonst Winterschutz nötig oder vorübergehend im Pflanzkorb tiefer stellen, interessant in formalen Becken, braucht gute Versorgung mit Nährstoffen

Froschbiss

Hydrocharis morsus-ranae

↑ 10 ↓ ab 20

Wuchs: frei auf dem Wasser schwimmende Pflanze, kurze Wurzeln dienen nicht der Verankerung (im sehr flachen Wasser aber möglich), aus den Blattachseln viele Ausläufer und neue Tochterrosetten treibend
Blattform: kleine Schwimmblätter in Rosetten, Einkerbung der Blätter namensgebend (als hätten Frösche ein Stück abgebissen)
Blüte: Mai bis August, weiße, dreizählige Blüten mit gelber Mitte, einzeln an Stielen über dem Wasser stehend
Wasserstand: ab 20 cm
Herkunft: heimisch
Besonderheiten: bei Überhandnehmen leicht zu dezimieren (abfischen), daher auch für kleine Teiche oder Tröge zu empfehlen, überwintert mit Überwinterungsknospen, die auf den Teichgrund sinken, dort austreiben und ab Mai an die Oberfläche aufsteigen, im Schatten höherer Uferpflanzen ideal

Wassermohn

Hydrocleys nymphoides

↑ 10 ↓ ab 15

Wuchs: am Boden kriechende oder frei flutende Ausläufer
Blattform: Schwimmblätter eirund, klein, glänzend, bei flachem Wasserstand aufrecht
Blüte: Mai bis September „lange Blütezeit, Einzelblüte blüht aber nur einen Tag: dreizählige weiße-hellgelbe Blüten mit deutlichen dunkelgelben Saftmalen in der Mitte, an Stängeln knapp über dem Wasser stehend
Wasserstand: ab 15 cm
Herkunft: tropisches Südamerika
Besonderheiten: Überwinterung hell bei mind. 12 °C (z. B. im Wintergarten), für Tröge und Mini-Teiche auf Terrassen oder im Wintergarten, im Freien, erst ab etwa 15 ° Wassertemperatur auspflanzen, in kleinen Becken oder Teichen bei Bedarf reduzieren

Froschkraut

Luronium natans

↑ 10 ↓ ab 20

Wuchs: am Boden verankerte Rosette, die Ausläufer mit Tochterrosetten und daher langsam Kolonien bildet
Blattform: Schwimmblätter eirund, klein, glänzend
Blüte: Juni bis September (lange Blütezeit), aus den Blattachseln entspringen Stiele, die dreizählige, 1 bis 1,5 cm kleine, weiße Blüten mit gelber Mitte übers Wasser halten
Wasserstand: 20 bis 40 cm
Herkunft: heimisch (selten)

Besonderheiten: gut geeignet für kleine und mittlere Teiche, auch in Trögen und Mini-Teichen zu empfehlen, langsamwüchsig und nicht sehr konkurrenzstark, bevorzugt nährstoffarme Verhältnisse, daher in nährstoffreichem Milieu von anderen Pflanzen bald verdrängt, überwintert am Teichgrund als Winterknospe

Kleefarn

Marsilea quadrifolia

↑ 5-10 ↓ 10-20

Wuchs: am Boden kriechendes, sich verzweigendes Rhizom, daraus entspringen 5-20 cm lange Stängel mit den typischen Blättern an ihrem Ende
Blattform: kleeblattartig mit vier Fiedern (zwei gegenständige Blattpaare, die sehr nah zusammen stehen), manche schwimmend, manche auch bei flachem Stand über dem Wasser stehend
Wasserstand: 10 bis 20 cm
Herkunft: heimisch (sehr selten und vom Aussterben bedroht)

Besonderheiten: keine Blütenpflanze, sondern ein Farn, nur in wärmeren Gegenden zu empfehlen, als „Unterwuchs" zwischen höheren Pflanzen ideal

Seekanne

Nymphoides peltata

↑ 10 ↓ ab 20

Wuchs: am Boden verankertes, kriechendes, sich verzweigendes Rhizom
Blattform: Schwimmblatt wie kleines Seerosenblatt, dunkelgrün, glänzend
Blüte: Juni bis August, goldgelbe, gestielte, breit trichterförmige Blüten mit fünf Blütenblättern über dem Wasser stehend, Blütenblätter am Rand zart gefranst
Wasserstand: ab 20 cm
Herkunft: heimisch

Besonderheiten: im Herbst werden Tochterrosetten gebildet, die absinken und nach dem Winter wieder auftauchen, starke Ausbreitung kann zum Problem werden, daher Pflanze regelmäßig dezimieren (geht leicht durch Ausreißen und Abfischen)

Wasser-Knöterich

Persicaria amphibia (=Polygonum amphibium)

↑ 15 ↓ ab 30

Wuchs: am Boden kriechendes Rhizom
Blattform: lang gestielte Schwimmblätter länglich, schmal und 10 bis 15 cm lang
Blüte: Juni bis August, Blütenstand an rötlichen Stielen übers Wasser gehoben, aus einigen Dutzend dicht sitzenden, hübschen, hellrosa Einzelblüten bestehend
Wasserstand: ab 30 cm
Herkunft: heimisch

Besonderheiten: Artname „amphibia" deutet schon auf die hohe Flexibilität der Pflanze hin: je nach Wasserstand bildet ein- und dieselbe Pflanze die Land- oder die Wasserform aus mit fließenden Übergängen, nur für große Teiche zu empfehlen, muss gelegentlich dezimiert werden

Schwimmendes Laichkraut

Potamogeton natans

↑ 10 ↓ ab 30

Wuchs: Rhizom am Boden kriechend, lange Stängel mit zunächst Unterwasserblättern und dann Schwimmblätter bildend
Blattform: länglich-oval bis 12 cm, derb und ledrig, mehr oder weniger kupferfarben überlaufen, Unterwasserblätter dünn und fadenförmig
Blüte: Juni bis August, grünlich-bräunliche, schmale Blütenstände, an kupferroten Stielen über dem Wasser stehend
Wasserstand: ab 30 cm
Herkunft: heimisch
Besonderheiten: Rhizom wuchert sehr stark, daher nur in großen Teichen oder in wurzeldichten Pflanzgefäßen verwenden
Weitere Arten: *Potamogeton crispus* ist eine reine Unterwasserpflanze mit kraus gewellten Blättern, die ebenfalls wuchert und mit Winterknopsen am Teichgrund überdauert.

Wasser-Hahnenfuß

Ranunculus aquatilis

↑ 5 ↓ ab 20

Wuchs: kriechendes Rhizom am Teichgrund, daraus entwickeln sich lange, schwimmende Ausläufer
Blattform: es sind stets zwei verschiedene Blattformen vorhanden: fein zerschlitzte Unterwasserblätter und gelappte, im Umriss nierenförmige Schwimmblätter an den Enden der Ausläufer
Blüte: April bis September, fünfzählige, weiße, für die zarte Pflanze recht große Blüte mit gelber Mitte an dünnen Stielen, die in den Blattachseln entspringen, knapp über dem Wasser stehend
Wasserstand: ab 20 cm
Herkunft: heimisch
Besonderheiten: bevorzugt nährstoffreiches Wasser, liebt ein wenig Wasserbewegung: für Schwimmteiche oder neben Quellsteinen und Bachlaufmündungen ideal

Wassernuss

Trapa natans

↑ 5 ↓ ab 30

Wuchs: einjährige Pflanze, am Grund verwurzelt, am Ende der langen Stängel flach auf dem Wasser ausgebreitete Rosetten aus 5-30 seltsam regelmäßig angeordneten Blättern, am Stiel verteilte Unterwasserblätter fein zerteilt
Blattform: rautenförmig, Blattrand gezähnt, ledrig, ab Sommer rot überlaufen, schwimmen durch blasig erweiterte, lufthaltige Blattstängel
Blüte: Juni bis Juli, in der Mitte der Rosette sitzend, klein, weiß und unscheinbar
Wasserstand: ab 30 cm
Herkunft: heimisch (stark gefährdet)
Besonderheiten: liebt warmes Wasser und braucht ausreichend Nährstoffe, bizarr aussehende, stachlige Frucht sinkt auf den Grund, treibt dort aus und verankert sich mit ihren langen Fortsätzen, Fruchtreife erst im Herbst, daher Vermehrung nur in warmen Gegenden möglich

Wasserstern

Callitriche palustris

↑ 5 ↓ ab 30

Wuchs: bildet schwimmende Teppiche aus vielen kleinen „Wasserstern"-Rosetten, Einzelpflanzen bis max. 30 cm lang
Blattform: Einzelblätter der Rosette klein und elliptisch, Unterwasserblätter schmäler und länger
Blüte: Mai bis September, winzig und unscheinbar in den Blattachseln unter Wasser sitzend
Wasserstand: ab 30 cm, Pflanze sehr variabel: ab 50 cm untergetaucht lebend, am Ufer in eine kriechende Landform übergehend
Herkunft: heimisch
Besonderheiten: liebt kühles Wasser, ist schon im zeitigen Frühjahr gut entwickelt und bleibt im Winter grün, daher wertvoller Sauerstoffproduzent

Hornblatt

Ceratophyllum demersum

↓ ab 30

Wuchs: frei schwimmende, nicht wurzelnde Unterwasserpflanze
Blattform: gabelig geteilte, feine Blätter, die sich hart anfühlen (Name!) und in Quirlen um den Stängel stehen
Blüte: Juni bis September, unscheinbar unter Wasser in den Blattachseln sitzend
Wasserstand: ab 30 cm
Herkunft: heimisch
Besonderheiten: wertvoller Sauerstoffproduzent, abgerissene Pflanzenteile wachsen zu ganzen Pflanzen weiter, bildet Winterknospen, die absinken und im Frühjahr zu neuen Pflanzen austreiben, liebt nährstoffreiches Wasser, bei Überhandnehmen leicht abzufischen
Weitere Arten: *Ceratophyllum submersum* mit stärker gegabelten und daher feineren Blättern

Wasserpest

Elodea canadensis

↓ ab 30

Wuchs: wurzelt im Schlamm, bildet meterlange, verzweigte Triebe
Blattform: kleine Blätter, meist zu 3–4 in Scheinquirlen rund um den biegsamen Stängel
Blüte: Juni bis August, unscheinbar (vermehrt sich in Europa fast ausschließlich vegetativ durch Abbrechen von Pflanzenteilen)
Wasserstand: ab 30 cm
Herkunft: in Europa seit mehr als 150 Jahren eingebürgert, ursprünglich aus Nordamerika stammend
Besonderheiten: jeder kleine Bruchteil wächst zu einer vollständigen Pflanze heran, bildet dichte „Unterwasserwälder"

Wasserfeder

Hottonia palustris

↑ 20 ↓ ab 30

Wuchs: am Boden verwurzelt, polster- oder rasenartig, wächst langsam
Blattform: Unterwasserblätter fein zerteilt (daher der Name Wasserfeder), wo Blütenstand entspringt, stehen die Blätter in einer dichten Rosette zusammen
Blüte: Mai bis Juni, 20 cm aus dem Wasser ragende Blütenstände mit hübschen, weiß bis hellrosa Blüten (auffallendes gelbes Saftmal in der Mitte) in Quirlen auf mehreren Etagen
Wasserstand: ab 30 cm (unterschiedliches Aussehen je nach Wassertiefe)
Herkunft: heimisch (selten)
Besonderheiten: liebt weiches Wasser, bleibt im Winter grün

Ähriges Tausendblatt

Myriophyllum spicatum

↑ 10 ↓ ab 30

Wuchs: lange, flutende, beblätterte Triebe, im Schlamm verwurzelt, kann aber auch frei schwimmen
Blattform: fein zerschlitzte Blätter zu vieren in Quirlen rund um den biegsamen Stängel
Blüte: Juni bis September, nur Blütenstände übers Wasser hinausragend, Einzelblüten klein und unscheinbar, blassrosa
Wasserstand: ab 30 cm
Herkunft: heimisch
Besonderheiten: liebt nährstoffreiches Wasser, Sauerstoffproduzent, kann wuchern, aber leicht durch Abfischen zu dezimieren, überwintert durch Winterknospen
Weitere Arten: *Myriophyllum verticillatum* (Quirlblütiges Tausendblatt) hat 5–6 Blätter pro Blattquirl

Schwimmpflanzen

Gleich Schiffen segeln Schwimmpflanzen auf dem Wasser: Sie bilden keine Wurzeln aus, halten also keine Verbindung mit dem Land aufrecht, und wachsen dort, wohin es sie hintreibt. Das bedeutet aber auch, dass sie nur in ruhigen Gewässern gut zurechtkommen, und dort sollte man sie auch verwenden. Wenn sich auch einige von ihnen schnell vermehren und bald große, schwimmende Teppiche bilden, so lassen sich fast alle mit ein paar Handgriffen ganz leicht dezimieren.

Feenmoos
Azolla caroliniana

↑ 5 ↓ ab 10

Wuchs: frei schwimmende Pflanze, dünne Wurzeln hängen frei ins Wasser, dienen aber nicht der Verankerung am Grund
Blattform: ähnlich Blattlebermoos, klein, zweizeilig, samtig behaart (Wasser abstoßende Oberfläche)
Blüte: Farnpflanze, daher keine Blüten bildend
Wasserstand: ab 10 cm
Herkunft: Nordamerika
Besonderheiten: in seinem Blattgewebe leben Stickstoff fixierende Blaualgen in Symbiose, färbt sich im Sommer vor allem in der Sonne attraktiv rostrot, nur in milden Gegenden winterhart, sonst im Haus überwintern, auch für Miniteiche und Wasserschalen, rasche Vermehrung durch Ausläufer und kleinste Bruchstücke der Pflanze, aber leicht abzufischen

Wasserhyazinthe
Eichhornia crassipes

↑ 20 ↓ ab 10

Wuchs: frei schwimmende Rosetten, die aber im flachen Wasser auch im Schlamm festwurzeln können, Pflanzen bilden zahlreiche Tochterrosetten, die sehr rasch zu voller Größe heranwachsen
Blattform: glatte, glänzende, rundliche Blätter, deren blasiger Blattstiel Luft enthält und die verhältnismäßig große Pflanze schwimmfähig macht
Blüte: Juli bis Oktober, auffallender, attraktiver Blütenstand aus hellvioletten Blüten mit gelbem Saftmal
Wasserstand: ab 10 cm
Herkunft: tropisches Nordamerika, in vielen Ländern eingebürgert (Neophyt)
Besonderheiten: sehr dekorativer Sommerblüher mit langer Blütezeit, auch sehr gut für Miniteiche und Wasserschalen geeignet, sehr hell und warm (um 15 °) überwintern oder jedes Jahr neu kaufen, liebt nährstoffreiches, warmes Wasser

Wasserlinse
Lemna-**Arten**

↑ 1 ↓ ab 10

Wuchs: frei schwimmende winzige Pflanzen, Wurzeln hängen ins Wasser, dienen aber nicht der Verankerung, sondern nur der Nährstoffaufnahme, rege Vermehrung durch Sprossung
Blattform: winzig kleine Blätter mit lufthaltigem Schwimmgewebe, je nach Art einzeln oder zu mehreren zusammenhängend
Blüte: Juni bis Juli, winzig und unscheinbar, oft auch gar nicht blühend
Wasserstand: ab 10 cm
Herkunft: heimisch
Besonderheiten: kann vor allem in nährstoffreichem Wasser zur Plage werden, regelmäßig abfischen, sonst nimmt eine dichte Wasserlinsendecke zu viel Licht weg, Einschleppung oft durch Wasservögel oder gekaufte Pflanzen

Wassersalat, Muschelblume

Pistia stratiotes

↑ 10 ↓ ab 10

Wuchs: frei schwimmende Rosetten, lange Wurzeln hängen ins Wasser, dienen aber nicht der Verankerung, sondern nur der Nährstoffaufnahme, bildet Tochterrosetten
Blattform: blassgrüne, samtig behaarte, ein wenig schwammige Blätter, Rosette erinnert an Salatkopf
Blüte: Juli bis August, winzig und unscheinbar
Wasserstand: ab 10 cm
Herkunft: tropisches Nordamerika, in vielen Ländern eingebürgert (Neophyt)
Besonderheiten: bei Überhandnehmen in nährstoffreichem Wasser einfach überzählige Rosetten herausfischen, Überwinterung sehr hell und warm (ab 15° C) im Haus oder jedes Jahr neu kaufen

Schwimmfarn

Salvinia natans

↑ 5 ↓ ab 10

Wuchs: frei schwimmende Pflanze, bildet keine Wurzeln aus
Blattform: Blätter nur scheinbar paarig, eigentlich jedoch stets zu dritt: zwei elliptisch, schwimmend, durch Behaarung unbenetzbar, drittes Blatt fein zerteilt, untergetaucht, an Wurzelbüschel erinnernd
Blüte: Farnpflanze, daher keine Blüten bildend, Vermehrung über Sporen
Wasserstand: ab 10 cm
Herkunft: subtropisches Südostasien, in vielen Ländern eingebürgert (Neophyt)
Besonderheiten: auf den Blättern bleiben Wassertropfen wie Perlen hängen, liebt warmes Wasser, im Winter hell und warm überwintern (Aquarium!)

Krebsschere

Stratiotes aloides

↑ 10-20 ↓ ab 30

Wuchs: schwimmende Rosette, bildet durch Ausläufer mit Tochterrosetten an den Enden mit der Zeit größere Bestände
Blattform: bromelienartige Blattrosette aus schmalen und langen, steifen Blättern mit stachligem Rand (daher rührt einer ihrer Namen: „Wassersäge")
Blüte: Mai bis Juli, in der Mitte der Rosette stehen an kurzen Stielen 4 cm große, weiße, dreizählige, dem Froschbiss stark ähnelnde Blüten , die Krebsschere ist zweihäusig, d. h. es gibt männliche und weibliche Pflanzen
Wasserstand: ab 30 cm
Herkunft: heimisch
Besonderheiten: überwintert als Rosette am Teichgrund, steigt im Frühjahr wieder an die Oberfläche, auffällige, hübsche Pflanze für kleinere Anlagen (leicht zu dezimieren bei Überhandnehmen)

Wasserschlauch

Utricularia vulgaris

↑ 20 ↓ ab 30

Wuchs: bis über einen Meter lange Pflanze, untergetaucht lebend, frei flutend, bildet keine Wurzeln
Blattform: vielfach gabelig und fein zerteilt, einige sind zu 4-5 mm großen Fangblasen umgebildet
Blüte: Juni bis August, Blütenstände ragen an rotem Stiel 20 cm übers Wasser, hübsche Einzelblüten goldgelb
Wasserstand: ab 30 cm
Herkunft: heimisch
Besonderheiten: Fleisch fressende (richtiger: Eiweiß verdauende) Pflanze, die in ihren Fangblasen vor allem Wasserflöhe, aber auch kleine Mückenlarven fängt und verdaut, liebt kalkarmes, weiches, warmes Wasser, überwintert als zusammengerollte „Winterknospe" am Teichgrund, verträgt Konkurrenz durch andere Unterwasserpflanzen schlecht

Seerosen

Seerose

Nymphaea sp.

Wuchs: am Teichgrund kriechende Rhizome, daraus entspringen lange, biegsame Blattstiele, die sich wechselnden Wasserständen optimal anpassen können
Blattform: im Umriss kreisrunde, schwimmende, durch Wachsüberzug glänzend dunkelgrüne Blätter mit einer deutlichen Einkerbung bis zum Stängelansatz, gelegentlich auch rötlich gefleckt
Blüte: Juni bis August, manche blühen auch noch bis in den September hinein, große, schwimmende, schalenförmige Blüten am Ende biegsamer, mit den Blattstielen vergleichbaren Stängel, vier außen grünliche, innen weiße Kelchblätter, zahlreiche Kronblätter in den Farben Weiß, Gelb, Lachsrosa bis Pfirsichfarben, Rosa, Rot, in der Mitte leuchten auffallende, gelbe Staubblätter
Wasserstand: 15 bis 200 cm von der kleinsten Zwergsorte bis zur heimischen Weißen Seerose
Herkunft: heimisch
Besonderheiten: in Blütengröße, Farbenreichtum und Schönheit stehen Seerosen unangefochten an oberster Stelle unter den Teichpflanzen – kaum jemand möchte auf sie verzichten

Auswahl

Durch die Kreuzungen heimischer Seerosen mit tropischen Arten gibt es eine Fülle an Sorten, die in gelb, orange, rosa, rot und weiß blühen und dennoch winterhart sind. Die meisten gedeihen in einer Wassertiefe zwischen 50 bis 80 cm, Zwergseerosen können schon ab einer Tiefe von 20 cm gesetzt werden.
Neben Blühfreudigkeit, Blütenfarbe, Platzbedarf und Wüchsigkeit ist auch die ausreichende Winterhärte ein wesentliches Kriterium, das Sie beim Kauf berücksichtigen sollten.
Es gibt sortenspezifische „Blütenöffnungszeiten", die bei der Auswahl ein wichtiges Kriterium sein können. So erblühen manche Sorten erst spät am Vormittag, haben dann aber abends länger geöffnet.

Pflanzung

Seerosen brauchen mindestens 6 bis 7 Stunden Sonne am Tag. Sie fühlen sich in stehendem, kalkarmem, ruhigem und warmem Wasser ab 25 °C am wohlsten. Ihre Rhizome können sowohl direkt in den Teichgrund als auch in einen Pflanzkorb gesetzt werden. Als Substrat hat sich Kies feiner Körnung (3 – 7 mm) und eine Mischung aus Sand und Lehm bewährt. Eine Düngung der nährstoffhungrigen Seerosen ist umstritten, da gelöste Nährstoffe den gesamten Teich oder Schwimmteich belasten können. In reinen Seerosenbecken oder -teichen haben sich speziell für Seerosen entwickelte harzgebundene Düngekegel aber bewährt, die ins Substrat gesteckt werden. Mit den Jahren neigen manche Sorten von Seerosen dazu, blühfaul zu werden. Ein Dezimieren und Teilen der Rhizomstöcke bringt sie wieder in Schwung.

Weiße Seerose
Nymphaea alba

Blüten: reinweiß mit gelben Staubblättern, 12 cm Durchmesser, Duft
Blütezeit: Juni bis August
Wassertiefe: 80 bis 200 cm
Flächenbedarf: groß bis sehr groß

Besonderes: heimisch, selten (in der Natur streng geschützt), sehr starkwüchsig und robust, Rhizome können bis 1 m lang werden, im Handel werden häufig Hybriden als *N. alba* vertrieben, die der Wildart sehr ähnlich sind, gedeiht auch im Halbschatten, absolut winterhart, nur für große Teiche zu empfehlen

Duftende Seerose
Nymphaea odorata var. *minor*

Blüten: weiß, 7 bis 9 cm Durchmesser, Blüten stehen 3 bis 5 cm über dem Wasser, schwach süßlicher Duft
Blütezeit: Juni bis September
Wassertiefe: 20 bis 50 cm
Flächenbedarf: mittel bis klein

Besonderes: bei dieser schwächerwüchsigen Zwergform von *Nymphaea odorata* handelt es sich um eine schon lange im Handel befindliche Zuchtform, bildet Samen, robust und gut winterhart, für Miniaturwassergärten besonders geeignet

Nymphaea 'Candissima'

Blüten: blendend weiß, gefüllt blühend, Staubblätter hellgelb, 15 cm Durchmesser
Blütezeit: Juni bis September
Wassertiefe: 40 bis 70 cm
Flächenbedarf: mittel

Besonderes: sehr ähnlich wie 'White Gonnère', Blüten bleiben abends länger offen als andere Sorten, Blätter behalten Farbe und Form bis lange in den Herbst, auch für kleinere Teiche und Becken

Nymphaea 'White Gonnère'

Blüten: weiße, gefüllte, kugelig geformte Blüten, bis 18 cm Durchmesser, Duft
Blütezeit: Juni bis September
Wassertiefe: 40 bis 60 cm
Flächenbedarf: mittel bis groß

Besonderes: besonders schön kompakt wachsende Sorte, junge Blätter sind leicht bronze gefärbt, Kelchblätter können Blütenblätter nicht völlig umschließen, Blüten bleiben auch nachts etwas geöffnet

Nymphaea 'Gladstoniana'

Blüten: weiß, sehr groß bis 25 cm Durchmesser, halbgefüllt
Blütezeit: Juli bis August
Wassertiefe: 60 bis 100 cm
Flächenbedarf: groß bis sehr groß

Besonderes: sehr wüchsige, reichlich blühende Sorte, entwickelt viel Laub, Blätter bis 50 cm Durchmesser, benötigt viel Platz und ist nur für große Anlagen zu empfehlen, 'Gladstoniana' ist nahezu identisch mit der bekannten Sorte 'Pöstlingberg'

Nymphaea 'Marliacea Chromatella'

Blüten: hellgelb, bis 15 cm Durchmesser, schwach duftend
Blütezeit: Juni bis September
Wassertiefe: 50 bis 80 cm
Flächenbedarf: groß

Besonderes: sehr anpassungsfähige und wertvolle, bekannteste Sorte unter den gelben Seerosen, ist verglichen mit anderen gelben Sorten sehr frosthart, reich und lange blühend, Blätter haben interessante längliche Flecken, leider etwas anfällig für Stängelfäule

Gelbe Teichrose, Mummel

Nuphar lutea

Blüten: gelb, kugelförmig, über dem Wasser stehend, 4 bis 6 cm Durchmesser, duftet stark
Blütezeit: Juni bis August
Wassertiefe: 40 bis 200 cm
Flächenbedarf: sehr groß

Besonderes: heimisch, ungemein wüchsig, sehr hoher Platzbedarf, bildet große, armdicke Rhizome, nur für große Teiche zu empfehlen, verträgt Halbschatten, kommt auch mit langsam fließendem Wasser zurecht

Nymphaea × pygmaea 'Helvola' ('Pygmaea Helvola')

Blüten: schwefelgelb, halbgefüllt, sternförmig, 3 bis 4 cm im Durchmesser
Blütezeit: Mai bis September
Wassertiefe: 15 bis 30 cm
Flächenbedarf: klein

Besonderes: nicht frosthart, Zwergseerose, für Miniteiche gut geeignet, sehr reichblühend, Überwintern im Gewächshaus oder hellem Raum bei ca. 10 °C, olivgrüne, sehr zierliche, ovale Blätter mit dunkelroten Einsprenkelungen, verträgt Temperaturschwankungen im Wasser schlecht

Nymphaea 'Almost Black'

Blüten: dunkelrot, bis 15 cm Durchmesser
Blütezeit: Juni bis September
Wassertiefe: 50 bis 90 cm
Flächenbedarf: mittel

Besonderes: wunderschöne neuere Sorte, einzigartige dunkelrote Farbe, entstand durch eine Einkreuzung mit einer blauen tropischen Seerose

Nymphaea 'Attraction'

Blüten: granatrot, äußere Blütenblätter heller werdend, Spitzen weiß gepunktet, bis 17 cm Durchmesser, intensiver Duft
Blütezeit: Juni bis August
Wassertiefe: 40 bis 100 cm
Flächenbedarf: groß

Besonderes: sehr wüchsig, Staubgefäße kontrastieren gut mit den leuchtend roten Blütenblättern, entwickelt viel Laub, sortentypische Farbe entwickelt sich erst im Alter, junge Blüten sind heller

Nymphaea 'Baby Red'

Blüten: glühend dunkelrot, bis 9 cm Durchmesser
Blütezeit: Juni bis September
Wassertiefe: 15 – 30 cm
Flächenbedarf: klein

Besonderes: sehr kompakter Wuchs, reichblühend, verträgt etwas Schatten, lange schön bleibendes Laub

Nymphaea 'Barbara Davis'

Blüten: pfirsichfarben, sternförmig, bis 16 cm Durchmesser
Blütezeit: Juni bis August
Wassertiefe: 40 bis 60 cm
Flächenbedarf: mittel

Besonderes: außergewöhnliche und seltene Blütenfarbe unter den Seerosen, Blätter zeigen meist eine deutliche Marmorierung, gut winterhart, neuere Sorte

Nymphaea 'Colorado'

Blüten: kupfern schimmernd rosa, stehen 10 bis 15 cm über dem Wasser, 15 cm Durchmesser
Blütezeit: Juni bis September
Wassertiefe: 40 bis 60 cm
Flächenbedarf: mittel

Besonderes: ungewöhnliche Blütenfarbe für Seerosen, nichts für kalte Lagen, liebt wärmeres Wasser, Blühwilligkeit leidet besonders nach strengem Winter, je mehr Sonne und Wärme, desto intensiver die Farbe

Nymphaea 'Escarboucle'

Blüten: rubinrot, 20 cm Durchmesser
Blütezeit: Juni bis Oktober
Wassertiefe: 60 bis 90 cm
Flächenbedarf: groß

Besonderes: Blüten öffnen sich zwar erst am späten Vormittag, sind aber abends länger geöffnet als bei anderen Sorten, reichblühend, auch für kühlere Lagen, gut winterhart, bildet nicht viel Laub, großer Platzanspruch und daher nur für größere Anlagen zu empfehlen

Nymphaea 'Froebeli'

Blüten: karminrot, 8 bis 10 cm Durchmesser, stehen einige Zentimeter über dem Wasser
Blütezeit: Juni bis August
Wassertiefe: 30 bis 50 cm
Flächenbedarf: mittel

Besonderes: Blüte öffnet sich nicht ganz, zuverlässiger Blüher auch bei kühler Witterung, neigt bei zu flachem Stand dazu, Blätter und Blüten übers Wasser zu heben, lässt daher manchmal charakteristischen Seerosenwuchs vermissen

Nymphaea 'Hollandia'

Blüten: rosarot, sehr große Blüten, dicht gefüllt, bis 20 cm Durchmesser
Blütezeit: Juni bis September
Wassertiefe: 70 bis 100 cm
Flächenbedarf: groß

Besonderes: auffallend schöne, reichblühende Sorte, sehr wüchsig, muss tief genug gepflanzt werden, sonst verdecken die über dem Wasser stehenden Blätter die Blüten

Nymphaea 'Iolanthe'

Blüten: rosa, imposante Blüten mit 20 cm Durchmesser
Blütezeit: Juni bis September
Wassertiefe: 50 bis 80 cm
Flächenbedarf: mittel bis groß

Besonderes: neuere Sorte, auffällige Erscheinung durch intensive Blütenfarbe, gut winterhart, Blüten leuchten schon von weitem, gute Fernwirkung, sehr wüchsig

Nymphaea 'Madame Wilfron Gonnère'

Blüten: rosa, zur Mitte der Blüte hin etwas kräftiger, gefüllt blühend, 16 cm Durchmesser,
Blütezeit: Juni bis August
Wassertiefe: 50 bis 80 cm
Flächenbedarf: mittel

Besonderes: besonders beliebte Sorte, Einzelblüte blüht länger als andere Sorten, bleibt auch abends lange geöffnet, bildet nicht viel Laub

Nymphaea 'Meteor'

Blüten: kirschrot, Blütenblätter zum Rand heller werdend, bis 16 cm Durchmesser
Blütezeit: Juni bis September
Wassertiefe: 80 bis 100 cm
Flächenbedarf: groß

Besonderes: Blüten bleiben lange geöffnet, junge Blätter rötlich überlaufen, starkwüchsig, für große Teiche

Nymphaea 'Murillo'

Blüten: leuchtend karminrot, Blütenblätter zum Rand heller werdend, bis 12 cm Durchmesser, duftend
Blütezeit: Juni bis September
Wassertiefe: 40 bis 80 cm
Flächenbedarf: mittel

Besonderes: sehr wüchsig, wenig anfällig für Krankheiten, lange Blütezeit

Tropische Seerosen und Lotosblumen

Eines haben die bei uns winterharten Seerosen, selbst die durch Blütenfülle und Farbe beeindruckendsten Sorten, noch nicht geschafft: Blaue Blüten bringen nur die tropischen Seerosen hervor. Sie müssen im Glashaus bei 10 bis 15 °C überwintert werden und brauchen im Sommer einen warmen Standort. Die Wassertemperatur sollte während der gesamten Vegetationszeit nicht unter 25 °C fallen. Haltung und Pflege der tropischen Geschöpfe sind nicht unproblematisch, werden aber durch außergewöhnlich schöne Blüten belohnt.

Tropische Seerosen

Nymphaea × daubenyana

Blüte: hellblau, sternförmig, bis 10 cm Durchmesser
Blütezeit: Juni bis August
Wassertiefe: 60 bis 80 cm für ausgewachsene Pflanzen, bei Jungpflanzen geringer

Besonderes: nicht winterhart, über Sommer im Freien gut zu ziehen, Überwintern im geheizten Gewächshaus oder Wintergarten, Blüten stehen 3 bis 9 cm über der Wasseroberfläche

Tropische Seerosen

Nymphaea stellata

Blüte: blassblau, sternförmig, bis 10 cm Durchmesser
Blütezeit: Juni bis Juli
Wassertiefe: 40 bis 60 cm, je nach Alter

Besonderes: nicht winterhart, über Sommer im Freien gut zu ziehen, Überwintern im geheizten Gewächshaus oder Wintergarten, Blüten stehen etwa 25 cm über Wasseroberfläche

Indische Lotosblume

Nelumbo nucifera

Blüte: rosa, bis über 20 cm Durchmesser
Blütezeit: Juli bis August
Wassertiefe: 10 bis 30 cm je nach Alter

Besonderes: nicht winterhart, sehr schwierig zu kultivieren, großer Platzbedarf, Jungblätter schwimmend, wachsen später aus dem Wasser heraus, bis 1 m Durchmesser, zusätzliche Bodenheizung im Wasserbecken empfehlenswert, leidet in verregneten Sommern, es gibt viele Sorten, die vorwiegend aus den USA stammen

Tiere am und im Gartenteich

Schon wenn die Teichgrube ausgehoben wird, schwirren die ersten Libellen darüber hinweg. Wasser übt eine magische Anziehungskraft auf alles Lebendige aus, und es dauert nicht lange, bis ein neuer Teich im Garten besiedelt wird. Viele Wasserinsekten können fliegen und erobern über den Luftweg neue Lebensräume. Amphibien und Reptilien wandern, hüpfen oder schreiten auf dem Landweg ein, sofern die Umgebung ihnen bisher schon zugesagt hat. Andere Tiere werden mit den Pflanzen eingebracht, wenn zum Beispiel Schneckenlaich auf Seerosenblättern klebt.

Biotope gestalten

Direktes Ansiedeln von Tieren aller Art ist also, abgesehen von Fischen und Muscheln, nicht nötig. Es ist sogar verboten, bestimmte Tiere oder Laich aus ihrem Lebensraum zu entfernen. Vielmehr gilt es, den Teich und den Garten rundum so zu gestalten, dass sich Tiere darin wohl fühlen – meist erfolgt die Besiedlung dann von ganz alleine. Und ein reiches, vielfältiges Leben ist wie ein Qualitätssiegel: Fühlen sich Tiere wie zu Hause, so ist der Teich gelungen!

Ungebetene Gäste

Enten und andere Wasservögel können das Gleichgewicht eines Teiches ganz schön durcheinanderbringen. Sie grundeln, wühlen Schlamm auf, knabbern Pflanzen an, verschmähen auch kleinere Wassertiere und Fische nicht und sorgen durch ihren Kot für reichlich Nährstoffe mit allen bekannten Problemen rund um die Wasserqualität. Verhindern Sie durch konsequentes Vertreiben vom ersten Auftreten im Frühjahr an, dass sich die Vögel länger in Ihrem Garten aufhalten oder gar zu einer Brut entschließen. Dicht über der Wasseroberfläche gespannte Schnüre hindern die Enten am Landen.

◀ Enten gehören nicht unbedingt zu den beliebtesten Teichbesuchern. Durch ihre Gründeltätigkeit wühlen sie das Wasser auf..

Vogelfreundlicher Garten

- Hecken mit reichlich Blüten und Früchten setzen, vorzugsweise heimische Arten
- Trockenmauern bieten Unterschlupf und Brutplatz unter anderem für Rotschwanz und Zaunkönig
- alte Bäume stehen lassen: wertvoller Lebens- und Brutraum für viele Vögel
- Kletterpflanzen schaffen zusätzliche, katzensichere Lebens-, Versteck- und Bruträume
- keine Insektizide oder andere, chemische Pflanzenschutzmittel verwenden
- Vogeltränke mit guter Übersicht aufstellen, Teiche mit Bademöglichkeiten im flachen Wasser anlegen
- möglichst vielfältige Bepflanzung lockt vielfältige Insektenfauna an
- Frühjahrsputz statt Herbstputz: Samenstände für Vögel und hohle Stängel für überwinternde Insekten stehen lassen
- Nisthilfen für unterschiedliche Vogelarten anbringen

Vögel anlocken

Singvögel sind willkommene Gäste im Garten. Ihr Flöten, Trillern und Pfeifen ist nicht nur Musik in den Ohren, ihr unermüdlicher Einsatz gegen Schädlinge aller Art ist auch eine große Hilfe. Selbst jene Vögel, die sich von Körnern ernähren wie die bekannten Meisen, füttern ihren Nachwuchs mit eiweißreicher Kost aus Raupen, Blattläusen und anderen Plagegeistern.

Igelleiter

Für Säugetiere wie den Igel kann Wasser im Garten zur tödlichen Falle werden. Das gilt für Teiche und Becken mit steilen Ufern oder Wänden, die hineingefallenen Tieren keinen Ausstieg ermöglichen. Schräge, mit Steinen am Grund beschwerte Holzbretter retten so manches Leben der nützlichen und interessanten Gartenbewohner.
Da die Bretter durch Feuchtigkeit und Algenbewuchs rutschig werden können, sind darauf genagelte Querhölzchen sinnvoll. In größeren Teichen oder Wasserbecken sind mehrere Igelleitern notwendig.

▲ Die einzige Rettung aus Gewässern mit steilen oder senkrechten Ufern für Igel und andere Kleinsäuger sind Bretter mit Quersprossen oder Leitern dieser Art.

▶ Herzlich willkommen! Zu zahlreichen Singvögeln wie diesem Rotkehlchen im Garten kann man nur gratulieren!

Amphibien

Bewohner zweier Welten sind sie, die Frösche, Kröten, Unken und Molche. Ihre Kindheit verbringen sie im Wasser, mit allem, was dazugehört: Kiemenatmung, Ruderschwanz und schleimigen Algen als Nahrung – mit Ausnahme der Molche, die sich schon als Larven räuberisch ernähren. Als erwachsene Tiere atmen alle Amphibien mit Lungen und stellen ihr Verdauungssystem auf tierische Nahrung um – diese tiefgreifende, bemerkenswerte Verwandlung vom Wasser- zum Luftwesen wird als Metamorphose bezeichnet.

Lebensraumvielfalt bringt Artenvielfalt

Es reicht nicht aus, nur dem Teich alleine Aufmerksamkeit zu schenken. Auch das Umfeld muss passen: eine vielfältige Strauchschicht für den kletternden Laubfrosch oder Versteckmöglichkeiten zwischen großen Steinen oder unter einer dicken Laubschicht für Erdkröten oder Molche, die hier auch überwintern. Für eine erfolgreiche Zuwanderung muss außerdem die Umgebung Ihres Gartens stimmen. Wo kilometerweit im Umkreis keine Amphibien mehr zu finden sind, werden sie sich auch im Garten nicht einstellen. Während Sie mit manchen Arten wie Teichmolch oder Grasfrosch durchaus rechnen können, wandern andere Lurche wie Unken, Wechsel- und Knoblauchkröte oder Laubfrösche selten zu, denn sie brauchen ganz spezielle Bedingungen, die im Garten nicht leicht erfüllt werden können. Der Teich sollte jedenfalls fischfrei sein, sonst haben Amphibien und ihre Larven keine Chance.

Naturschutz

Alle Amphibienarten sind streng geschützt, da Feuchtgebiete aller Art in den vergangenen Jahrzehnten sehr stark dezimiert wurden. Im Garten lassen sich wertvolle Ersatzlebensräume schaffen, indem wir sie so attraktiv wie möglich gestalten. Mehr können und dürfen wir nicht tun – denn die Entnahme von Amphibien vom Ort ihres Vorkommens, ob als Laich, als Kaulquappe oder als voll entwickeltes erwachsenes Tier, ist verboten. Das gilt natürlich auch, wenn sich Frösche im Garten angesiedelt haben!

Laubfrosch

Hyla arborea

Beschreibung: kleiner Frosch (bis 5 cm) mit typischen Saugnäpfen an langen Fingern und Zehen, Färbung von Rücken und Beinen einfärbig, aber variabel von grün über oliv bis braun, glatte Haut
Ansprüche an den Lebensraum: reiche, vielfältige Strauchschicht mit großem Nahrungsangebot in warmer Lage
Lebensweise: vorwiegend nachtaktiv, jagt in Sträuchern kletternd nach Insekten und Spinnen, tagsüber bewegungslos an Halmen oder bei großer Hitze im Schatten
Fortpflanzung: laicht im März/April, walnussgroße Laichballen an Wasserpflanzen oder am Boden
Überwinterung: in frostsicheren Verstecken außerhalb des Teiches
Laute: Männchen hat eine Schallblase an der Kehle, quakt bis in den Frühsommer sehr laut und anhaltend meckernd vor allem nachts und im Chor
Besonderheiten: klettert auch an senkrechten Glasflächen!

Teichfrosch

Rana esculenta

Beschreibung: mittelgroßer Frosch (5 bis 10 cm), Rücken und Beine grün mit braunen und hellgrünen Streifen und braunen Flecken
Ansprüche an den Lebensraum: auch als erwachsenes Tier stets am/im Wasser lebend, liebt sonnige, pflanzenreiche Teiche
Fortpflanzung: laicht im April/Mai in großen, gallertigen Klumpen, die auf den Grund sinken, Jungfrösche verlassen das Wasser und kehren erst später wieder zurück
Überwinterung: Jungfrösche an Land, ältere Frösche im Bodenschlamm des Teiches.
Laute: Männchen haben an jeder Seite je eine große Schallblase, quaken laut und anhaltend im Chor bis in den Sommer hinein
Besonderheiten: diese Art ist sehr ähnlich dem größeren Seefrosch und dem kleineren Grünfrosch und von beiden auch nicht leicht zu unterscheiden, daher werden alle drei Arten, die stets im Wasser und gerne in Gesellschaft leben, häufig zur Gruppe der „Grünfrösche" zusammengefasst.

Grasfrosch

Rana temporaria

Beschreibung: bis 10 cm großer Frosch mit mittelbrauner, rotbrauner oder gelblichbrauner Färbung, auffallender, dünklerer Schläfenfleck hinter dem Auge
Ansprüche an den Lebensraum: pflanzenreiche Gewässer zum Laichen, ansonsten in Gärten, auf Wiesen und in Wäldern unterwegs
Fortpflanzung: laicht sehr früh, in manchen Jahren schon ab Februar, große, stets an der Wasseroberfläche schwimmende Laichballen
Überwinterung: junge Frösche an Land, erwachsene Tiere häufig am Gewässergrund
Laute: quakt nicht, knurrt aber leise während der Paarungszeit, Männchen haben innere, nicht ausstülpbare Schallblasen
Besonderheiten: Moorfrosch und Springfrosch sehen sehr ähnlich aus und leben alle einzelgängerisch an Land, alle drei werden daher häufig als Gruppe der „Braunfrösche" zusammengefasst.

Gelbbauchunke

Bombina variegata

Beschreibung: bis 5 cm groß, auffallend dunkelgrau/gelb gefleckter Bauch, Oberseite grau-braun mit deutlichen Warzen
Ansprüche an den Lebensraum: im Berg- und Hügelland anzutreffen, bevorzugt als Pionierart pflanzenarme, schlammige, kleine, sonnige, auch periodisch austrocknende (und daher räuberfreie!) „Pfützen" zum Laichen, im Garten daher selten
Fortpflanzung: laicht ab März bis August in mehreren Wellen, Höhepunkt bis Ende Juni, Laich in kleinen, lockeren Klumpen mit wenigen Eiern an Pflanzen oder am Boden, Kaulquappen entwickeln sich rasch
Überwinterung: an Land in Totholzhaufen, Steinmauern oder Erdhöhlen
Laute: Männchen haben keine Schallblasen, rufen daher leiser als die Rotbauchunke, aber schneller hintereinander Hu-Hu-Hu-...
Besonderheiten der Unken: bei Bedrohung zeigen sie ihre auffallend gefärbte Unterseite her, Bauchmuster ist individuell wie ein Fingerabdruck

Rotbauchunke
Bombina bombina

Beschreibung: bis 5 cm groß, Oberseite graubraun bis dunkelgrau mit kleineren Warzen, fast schwarze Unterseite mit roten bzw. orangen Flecken, dazwischen verteilt kleine weiße Punkte
Ansprüche an den Lebensraum: nur im Tiefland anzutreffen, bewohnt pflanzenreiche, sonnige Gewässer mit vielen Unterwasserpflanzen, die es bis in den Sommer hinein kaum verlässt
Fortpflanzung: Höhepunkt der Laichzeit April bis Juni, ev. weitere Laichperioden bis August, Laich in kleinen, lockeren Klumpen mit wenigen Eiern an Pflanzen oder am Boden
Überwinterung: an Land in Totholzhaufen, Steinmauern oder Erdhöhlen im nahen Umkreis des Wohngewässers
Laute: Männchen haben zwei innere Schallblasen, Schall wird daher im Körper erzeugt und verstärkt, rufen rhythmisch tags und nachts im Chor ein hohles Hu-hu-hu-....

Erdkröte
Bufo bufo

Beschreibung: bis 13 cm große, behäbig wirkende Kröte, warzige, trockene, dunkelbraune bis oliv- oder rotbraune Haut
Ansprüche an den Lebensraum: häufigste Amphibienart mit großer, ökologischer Bandbreite, verlässt Gewässer nach dem zeitigen Laichen wieder und lebt an Land, häufig auch in Gärten
Fortpflanzung: laicht im März/April, bevorzugt ältere, dicht eingewachsene Teiche, die für Kröten typischen Laichschnüre werden zwischen Pflanzen im seichten Wasser aufgespannt
Überwinterung: an Land eingegraben im Boden unter Laub
Laute: Männchen besitzen keine aufblasbare Schallblase, Rufe daher nur leise und auch selten
Besonderheiten: häufigste Krötenart, dämmerungs- und nachtaktiv, als Schneckenvertilgerin im Garten beliebt

Kreuzkröte
Bufo calamita

Beschreibung: bis 9 cm mittelgroße Kröte mit warziger, trockener, variabel braun-grau-grün gemusterter Oberseite und heller Unterseite, typischer heller Mittelstreifen am Rücken
Ansprüche an den Lebensraum: Pionierart auf vegetationsarmen Freiflächen mit Rohboden und grabbarem Sand oder Kies, verlässt Gewässer nach dem Laichen wieder und lebt an Land
Fortpflanzung: laicht ab März/April, bevorzugt kleine, sonnige, warme Gewässer mit wenig Bewuchs (auch temporäre Pfützen) und neu angelegte Teiche, meidet dicht bewachsene, Laichschnüre frei am Boden, Kaulquappen entwickeln sich rasch
Überwinterung: an Land im Boden vergraben
Laute: Männchen haben große Schallblase an der Kehle, rufen laut knarrend
Besonderheiten: auffallend kurze Beine, die nur ein recht schnelles Laufen, nicht aber ein Hüpfen erlauben, vorwiegend dämmerungs- und nachtaktiv

Wechselkröte
Bufo viridis

Beschreibung: mittelgroße, bis 9 cm große Kröte im unverwechselbaren „Military-Look“, keine auffallenden großen, sondern viele kleine, rote Warzen
Ansprüche an den Lebensraum: ursprüngliche Steppenbewohnerin mit Vorliebe für warme, offene, trockene Landschaften mit grabbaren Böden, heute oft auch in Steinbrüchen und Kiesgruben, verlässt Gewässer nach dem Laichen wieder und lebt an Land
Fortpflanzung: Balz ab März/April, bevorzugt flache, sonnige, vegetationsarme Laichgewässer, Laichschnüre werden zwischen Wasserpflanzen aufgespannt
Überwinterung: an Land im Boden vergraben
Laute: Männchen hat eine Schallblase an der Kehle, Ruf ist ein leiser, hoher Triller, abends und nachts zu hören, ca. 10 Sekunden lang, vier Mal pro Minute
Besonderheiten: vorwiegend dämmerungs- und nachtaktiv

Bergmolch

Triturus alpestris

Beschreibung: bis 12 cm langer Molch mit buntem Hochzeitskleid beim Männchen während seiner Wasserphase, hat dann auch niedrigen, nicht gezackten, schwarz-weiß gepunkteten Hautsaum auf Rücken und Schwanzflosse, Landtracht dunkel und nur schwach gemustert
Ansprüche an den Lebensraum: von spätestens September bis März an Land lebend, tagsüber versteckt unter Steinen und Wurzeln, in verrottendem Holz oder im Boden, bevorzugt waldreiche Gegenden
Fortpflanzung: sucht von März bis Juni kühle, halbschattige bis schattige Gewässer auf, verlässt sie nach der Balz bis August wieder, Eier werden einzeln an Wasserpflanzenblätter oder Falllaub angeheftet
Laute: keine Stimme
Überwinterung: in frostfreien Unterschlüpfen ähnlich Tagesverstecken
Besonderheiten der Molche: Molchlarven leben räuberisch, erwachsene Molche sind vorwiegend dämmerungs- und nachtaktiv, nur selten tagsüber bei Regenwetter aktiv

Kammmolch

Triturus cristatus

Beschreibung: größter heimischer Molch mit bis zu 18 cm Körperlänge, Männchen während der Wasserphase mit deutlich gezacktem Rückenkamm sowie hohem Schwanzflossensaum (am Schwanzansatz unterbrochen), Landtracht ohne Rückenkamm mit schwarzer Oberseite
Ansprüche an den Lebensraum: Landform hält sich tagsüber in Verstecken wie Holzstapel oder unter Brettern, unter oder zwischen Steinen, in Höhlen unter Wurzeln, in Baumstämmen oder Tierbauten auf.
Fortpflanzung: sucht ab März Gewässer mit reicher Wasserpflanzenflora auf, Männchen zeigen interessanten Balztanz, Eier werden einzeln in ein Wasserpflanzenblatt eingewickelt, Kammmolche bleiben am längsten von allen Molcharten bis August im Wasser
Laute: keine Stimme
Überwinterung: an Land in frostfreien Unterschlüpfen ähnlich Tagesverstecken, gelegentlich auch im Wasser

Fadenmolch

Triturus helveticus

Beschreibung: kleinerer Molch bis 9 cm Körperlänge, Männchen im Hochzeitskleid haben niedrigen, ungezackten Hautsaum auf Rücken und Schwanzflosse, Schwimmhäute an den Hinterbeinen sowie am Schwanzende den namensgebenden, bis 1 cm langen „Faden“ (bei Weibchen nur 3 mm lang), Landtracht ohne Saum, Schwimmhäute und Faden
Ansprüche an den Lebensraum: Landform liebt schattige Waldstandorte mit kühlen, feuchten Verstecken unter Wurzeln, im Boden oder unter Steinen, bleibt an Land stets in der Nähe des Laichgewässers
Fortpflanzung: März bis Juni, sucht kühle, schattige Laichgewässer auf, Männchen vollführen Balztanz, Eier werden einzeln an Wasserpflanzen oder Falllaub geheftet, erwachsene Tiere bleiben oft bis Juli im Wasser
Laute: keine Stimme
Überwinterung: in frostfreien Unterschlüpfen ähnlich den Tagesverstecken, gelegentlich auch im Wasser

Teichmolch

Triturus vulgaris

Beschreibung: bis 11 cm Körperlänge, Männchen mit Streifenzeichnung am Kopf, (wie Kreuzkröte) im Hochzeitskleid mit hohem gezacktem, bis zum Schwanzende durchgängigem Rückenkamm und auffallend orangerot und blau gefärbter Schwanzunterkante, Landtracht ohne Rückenkamm, mit gedämpfteren Farben und weniger Fleckenzeichnung
Ansprüche an den Lebensraum: von allen Molchen am wenigsten anspruchsvoll, daher am häufigsten in Gärten anzutreffen, tagsüber in kühlen, feuchten Verstecken
Fortpflanzung: Laichzeit von März bis Juli, bevorzugt sonnige, pflanzenreiche Teiche, Eier werden einzeln in ein Wasserpflanzenblatt eingewickelt
Laute: kann als einziger Molch (selten) leise Laute ausstoßen
Überwinterung: in frostfreien Unterschlüpfen ähnlich Tagesverstecken, gelegentlich auch im Wasser

Reptilien

Ihre schuppige Haut macht Reptilien unabhängig vom Element Wasser, und auch die Eier werden nicht mehr in den Teich gelegt, sondern in Sand oder Erde vergraben oder im Bauch der Mutter ausgebrütet. Obwohl sie fernab von Wasser leben können, zählen einige Reptilien doch zu den Teichbewohnern, denn sie haben hier ihre Jagdgründe. Unterschiedliche Sonnenplätze in Teichnähe und genügend Versteckmöglichkeiten, wo sich die scheuen Tiere blitzschnell hinflüchten können, sind für die faszinierenden Tiere wichtig.

Blindschleiche

Anguis fragilis

Beschreibung: fußlose Echse mit max. 50 cm Länge, Rücken und Bauch sind mit den gleichen, kleinen, glänzenden Schuppen bedeckt, eidechsenähnlicher Kopf ist nicht wie bei echten Schlangen vom Körper abgesetzt
Ansprüche an den Lebensraum: abwechslungsreiche, strukturreiche Umgebung mit ausreichend Rückzugsmöglichkeiten wie Komposthaufen, Laub- oder Steinhaufen, hohen Blumenwiesen
Fortpflanzung: Weibchen legt keine Eier, sondern brütet sie im eigenen Leib aus, bis die Jungen fertig entwickelt sind, bei ihrem Absetzen streifen die kleinen Schleichen sofort die weiche Eihülle ab
Überwinterung: in frostfreien Erdlöchern, oft in größeren Gruppen, im Garten auch gerne im Kompost
Besonderheiten: tagaktiv, kann wie die Eidechsen den Schwanz bei Gefahr abwerfen, wächst aber bei der nächsten Häutung nicht in voller Größe nach, in Gärten recht häufig

Zauneidechse

Lacerta agilis

Beschreibung: max. 22 cm lange, kräftig gebaute Eidechse mit großem Kopf, brauner Rückenfärbung mit beinah geometrischem, kontrastreichem Muster aus dunklen Flecken und hellen Punkten darin, Männchen während der Paarungszeit im Frühjahr an den Seiten und an der Kehle kräftig grün
Ansprüche an den Lebensraum: liebt offene, aber reichhaltig strukturierte Umgebung mit Rückzugsmöglichkeiten wie Komposthaufen, Laub- oder lückigen Steinhaufen mit Plätzen zum Sonnenbaden
Fortpflanzung: Eier werden an sonnigen, aber nicht zu trockenen Stellen im Boden oder Sand vergraben und von der Sonnenwärme ausgebrütet, grabbare, pflanzenfreie Stellen sind daher sehr wichtig, Jungtiere schlüpfen mit einer Größe von 5 cm
Überwinterung: in frostfreien Verstecken
Besonderheiten: tagaktiv, nützt Teiche und Wasserstellen als Trinkgelegenheit, bei Gefahr abgeworfener Schwanz wächst wieder vollständig nach

Bergeidechse, Waldeidechse

Lacerta vivipara

Beschreibung: max. 18 cm Länge, schlankere Art mit kleinem Kopf, braune Färbung mit kleinen, hellen und dunklen Flecken (weniger deutliche Muster als bei Zauneidechse)
Ansprüche an den Lebensraum: besiedelt nur Orte mit höherer Luftfeuchtigkeit und meidet trockene Gegenden, im Tiefland nur an Gewässerrändern oder in feuchten Wiesen und Wäldern
Fortpflanzung: brütet Eier im Mutterleib aus, kann daher in kältere Lebensräume vordringen, trächtige Weibchen sonnen sich intensiv, Jungtiere sind nach der Geburt sofort selbständig
Überwinterung: in frostfreien Verstecken
Besonderheiten: tagaktiv, kälteresistentestes, heimisches Reptil, überlebt sogar teilweises Einfrieren, braucht nur kurze Sonnenbäder, um aktiv sein zu können

Schildkröten

Die einzige heimische Schildkrötenart führt ein verborgenes Leben und verlässt das Wasser nur zum Sonnenbaden und zur Eiablage im Mai. Nur wenige Menschen haben also das Glück die seltene Europäische Sumpfschildkröte zu sehen. Daran ändert auch ein Gartenteich nichts, denn das scheue Reptil steht unter strengem Schutz, es würde sich auch im Garten gar nicht wohlfühlen und bald das Weite suchen.

Problem Faunenverfälschung

Das tun leider auch sehr oft andere Schildkröten wie die aus Nordamerika stammende Rotwangen-Schmuckschildkröte. Sie werden auch im Gartenteich gehalten, wenn die einst münzgroßen Tiere schließlich mit bis zu 25 cm Panzergröße den Platz im Aquarium sprengen. Sorgen Sie für eine stabile Umzäunung, damit die Tiere den Garten nicht verlassen können. Ihr Auftreten in heimischen Gewässern ist ein großes Problem. Die heimische, bereits seltene und bedrohte Europäische Sumpfschildkröte (s. oben) gerät unter zusätzlichen Konkurrenzdruck, denn die Rotwangen-Schmuckschildkröte hat ein ähnliches Nahrungsspektrum: beide ernähren sich von Amphibien, Fischen, Wasserinsekten oder Würmern.

Ringelnatter
Natrix natrix

Beschreibung: braune, manchmal auch sehr dunkle Färbung mit einigen dunklen Längsstreifen, unverwechselbare halbmondförmige, hellgelbe Flecken im Nacken, große Augen mit runder Pupille
Ansprüche an den Lebensraum: Gewässer mit abwechslungsreichem Ufer, genügend Versteck- und Sonnenbadeplätzen
Fortpflanzung: Eier werden gerne in Komposthaufen oder Misthaufen abgelegt (Verrottungswärme), aber auch in alten Baumstümpfen mit moderndem Holz
Überwinterung: Komposthaufen, Tierbauten, zwischen Wurzeln alter Bäume, in frostfreien Spalten von Mauern und Steinhaufen, oft in Gruppen
Besonderheiten: tagaktiv, jagt vor allem Amphibien und Fische, ausgezeichnete Schwimmerin durch schlängelnde Bewegungen, taucht auch gut, sondert beim Angreifen stinkendes Sekret ab, stellt sich bei Gefahr tot, ungiftiges und harmloses, scheues Tier

Fische

Fische im Garten zu halten, ist ein häufig geäußerter Wunsch oder für manche sogar der Grund, um sich einen Teich anzulegen. Fundiertes Wissen, gute Beratung beim Kauf und die Bereitschaft zur gewissenhaften Pflege und artgerechten Haltung sind Voraussetzung dafür.

Fisch oder Frosch?

Fische stehen an der Spitze der Nahrungspyramide und üben daher großen Einfluss auf das Artenspektrum eines Teiches aus. Die meisten fressen Laich und Kaulquappen von Amphibien sowie Wasserinsekten und deren Larven, nur die wenigsten Fische ernähren sich ausschließlich pflanzlich oder leben von Plankton. Sie in einen Gartenteich einzusetzen bedeutet daher eine grundlegende und irreversible Änderung des Ökosystems. Für den normalgroßen Teich im Garten heißt dies auch: Fisch oder Frosch, beides geht nicht.

Haustier Fisch

Fische im Garten sollten mit der gleichen Sorgfalt wie Haustiere betrachtet werden. Sie brauchen je nach Art unterschiedliche Bedingungen, und diese einzuhalten, bedeutet einen durchaus großen, technischen Aufwand. Eine Filteranlage ist ein Muss und sorgt für gleich bleibende Wasserqualität, regelmäßige Wasserkontrollen überwachen Parameter wie Sauerstoffgehalt, Nitritwerte oder Temperatur und beugen damit Krankheiten vor. Die Fütterung muss richtig dosiert werden und dem natürlichen Jahresrhythmus der Fische entsprechen, und Eisfreihalter garantieren eine ausreichende Sauerstoffversorgung über den Winter bei Mindesttiefen von 100 cm.

Heimische Fische

Bitterling, Moderlieschen & Co. erfreuen sich steigender Beliebtheit, wobei heimisch nicht mit „anspruchslos“ gleichzusetzen ist. Fast alle Arten haben einen hohen Sauerstoffbedarf und können nur bei guter Wasserqualität, manche nur in ausgesprochen kühlem Wasser überleben und schätzen Bewegungsfreiheit, was eine gewisse Mindestgröße des Teiches bedingt. Fachleute empfehlen mindestens 60, besser 100 m^2. Heimische Fische in zu kleinen Teichen zu halten, ist weder artgerecht noch sinnvoll: Krankheiten oder Parasiten schwächen bald die anfangs munteren Tiere. Wer die interessanten Verhaltensweisen heimischer Fische in seinem eigenen Teich beobachten will, sollte sich also profundes Fachwissen aneignen. Fragen Sie Ihren Händler, ob Ihre gekauften Fische garantiert aus Nachzuchten und nicht aus Wildfängen stammen, da viele Arten in der Natur bereits selten und daher geschützt sind.

Einer ist keiner

Schwarmfische niemals allein oder als Pärchen halten! Erst ab sechs, besser acht Exemplaren fühlen sich die Fische wohl. Das bedeutet aber auch, das Schwarmfische – und zu diesen gehören fast alle in Frage kommenden Arten – in einem kleinen Teich nichts verloren haben.

▲ Koi sind schwimm-aktive Fische, die viel Platz brauchen. Eine gute Wasserqualität ist Bedingung für deren Haltung.

▶ Mit den Fischen erwirbt man auch viel Verantwortung. Zu hohe Dichten in zu kleinen Teichen sind die häufigsten Fehler.

Goldfisch

Carassius auratus

Beschreibung: bis 35 cm groß werdender, rot-oranger, allseits bekannter Fisch
Herkunft: ursprünglich chinesische Zuchtform
Ansprüche an den Lebensraum: grundeln und wühlen gern, daher sandiger Boden ideal, gute Filterung wichtig, gelegentlich auch Teil-Wasserwechsel, Wasserpflanzen als Versteck für Jungfische
Nahrung: frisst als Allesfresser Wasserinsekten, Amphibienlaich und Fischlaich, Pflanzen
Fortpflanzung: laicht ab Mai, klebrige Eier bleiben einzeln an Pflanzen und Steinen haften, vermehrt sich leicht, frisst aber auch den eigenen Laich
Besonderheiten: Schwarmfisch, hält sich bevorzugt in Bodennähe auf, daher oft nicht gut zu sehen, Fische können 20–30 Jahre alt werden, es gibt zahlreiche Züchtungen, die zum Teil im Haus überwintern müssen

Goldorfe

Leuciscus idus

Beschreibung: max. 35 bis 50 cm großer, schlanker Fisch, Goldorfen sind Züchtungen mit orangeroter Farbe
Herkunft: heimisch
Ansprüche an den Lebensraum: braucht gute Wasserqualität und hohen Sauerstoffgehalt (effektive Filterung, gelegentlich auch Teil-Wasserwechsel)
Nahrung: Allesfresser, vor allem Wasserinsekten und andere Kleintiere, auch Insekten von der Wasseroberfläche, Pflanzen, ältere Exemplare fressen auch kleinere Fische
Fortpflanzung: laicht im zeitigen Frühling, vermehrt sich leicht, Eier bleiben einzeln an Pflanzen und Steinen haften
Besonderheiten: Schwarmfisch, hält sich an der Wasseroberfläche auf, daher besser als Goldfisch zu sehen

Bitterling

Rhodeus amarus

Beschreibung: bis 9 cm kleiner, hochrückiger, seitlich stark „zusammengedrückter“ Fisch mit silbriger Färbung, Männchen mit rotem Hochzeitskleid
Herkunft: heimisch
Ansprüche an den Lebensraum: pflanzenreiche Teiche mit sandigem oder schlammigem Boden (Lebensraum für die Muscheln), gute Strukturierung in einzelne „Reviere“ für die Laichzeit
Nahrung: tierisches und pflanzliches Plankton (Kleinstlebewesen)
Fortpflanzung: Bitterlinge können sich ohne Muscheln nicht vermehren, Männchen verteidigen Revier um „ihre“ Muschel
Besonderheiten: Schwarmfisch, Muscheln und Bitterling werden meist gleichzeitig eingesetzt

Moderlieschen
Leucaspius delineatus

Beschreibung: bis 10 cm langer, silbrig glänzender, schlanker Fisch mit silberweißem bis stahlblauem Streifen an der Seite, großen Augen und nach oben gerichtetem Maul
Herkunft: heimisch
Ansprüche an den Lebensraum: liebt dichten Pflanzenwuchs vom seichten Wasser bis in 1 m Tiefe, hält sich besonders gerne nahe der Wasseroberfläche auf, hohe Ansprüche an Wasserqualität, vor allem gegen Sauerstoffmangel empfindlich
Nahrung: Plankton, kleine Wasserinsekten, Luftinsekten werden von der Oberfläche oder aus der Luft geschnappt
Fortpflanzung: Weibchen klebt Laichbänder mit den Eiern an Pflanzenstängel, Holzstücke etc. nahe der Wasseroberfläche, Männchen betreibt Brutpflege: bewacht das Gelege, fächelt Frischwasser zu und bestreicht die Eier mit einem antibiotischen Sekret
Besonderheiten: Schwarmfisch

Stichling
Gasterosteus aculeatus

Beschreibung: bis 7 cm kleiner und lebhafter Fisch, Körper sehr schlank und seitlich deutlich „zusammengedrückt", Maul nach oben gerichtet, keine Schuppen, auffallende Stacheln am Rücken und am Bauch, Männchen tragen lebhaft gefärbtes Hochzeitskleid
Herkunft: heimisch
Ansprüche an den Lebensraum: pflanzenreiche Teiche, weiches, sauerstoffreiches Wasser
Nahrung: Wasserinsekten und andere Kleintiere, Laich, junge Fische, Amphibienlarven, ausgesprochener Amphibienlaichräuber, sehr gefräßig
Fortpflanzung: Männchen zeigt interessante Brutpflege: baut aus Pflanzenteilen ein Nest am Boden, ein oder mehrere Weibchen legen Eier hinein, Männchen verteidigt Nest und Jungen
Besonderheiten: Schwarmfisch

Elritze
Phoxinus phoxinus

Beschreibung: kleiner Fisch bis 8 cm Länge, Körper gelbbraun mit braunen und schwarzen Punkten mit kleinen Schuppen
Herkunft: heimisch
Ansprüche an den Lebensraum: klares, bewegtes, kühles, sauerstoffreiches Wasser mit sandigem Boden und genügend Pflanzen als Versteck
Nahrung: Insektenlarven und andere Kleintiere, Laich, Algen, Jungfische
Fortpflanzung: laicht im April und Mai
Besonderheiten: Schwarmfisch, für künstliche Wasserbewegung und teilweise Beschattung sorgen

Koi

Die „Könige der Teichfische" stellen wahrhaft aristokratische Ansprüche an ihre Pflege.
Koi setzt man nicht einfach in vorhandene Teiche oder Becken, sondern plant ihre Anlage gleich von Anfang an. Ein leistungsfähiges, chemisches und biologisches Filtersystem ist die Basis, künstliche Belüftung, ausreichende Wasserzirkulation und der Einsatz von Ozon verbessern die Wasserqualität zusätzlich. Regelmäßige Messungen von Nitrit- und Ammoniak-Werten, Temperatur, pH-Wert und Sauerstoffgehalt helfen, möglichst ideale, konstante Bedingungen für die schönen, wertvollen und teuren Tiere zu schaffen. Sich ansammelnder Bodenschlamm muss regelmäßig entfernt werden, da Koi ausdauernd grundeln und sonst das Wasser zu sehr trüben. Überwinterung im Freien ist ab Tiefen von 150 cm zwar möglich, solange genug Sauerstoff im Wasser gelöst ist. Viele Koifreunde holen ihre Lieblinge aber ins Haus – oder heizen den Teich.

Je gesünder und vitaler Koi sind, desto schöner leuchten auch ihre Farben. Eine ausgewogene Fütterung ist daher neben hoher Wasserqualität besonders wichtig. Bei Temperaturen unter 10° C sollten Sie das Füttern einstellen. Koi verschmähen als Allesfresser aber auch Wassertiere und Pflanzen nicht, wodurch sich die Pflanzenauswahl auf robuste Arten beschränkt – kein Problem in jenen Größenordnungen, wo sich Koi wohlfühlen: ab 10 000 Liter Wasser und mindestens fünf Fischen beginnt erst eine artgerechte Haltung. Auch Seerosen sollten als Schattenspender nicht fehlen. Koi sind schwimmaktive, intelligente, neugierige Fische und werden mit den Jahren so zutraulich, dass sie sich aus der Hand füttern lassen. Dabei können Sie die Tiere routinemäßig auf Krankheiten, Parasiten oder auffällige Veränderungen überprüfen – kranke Tiere müssen in Quarantäne. Koihalter sollten daher auch Platz für Ausweichquartiere haben.

Aka Bekko

Asagi

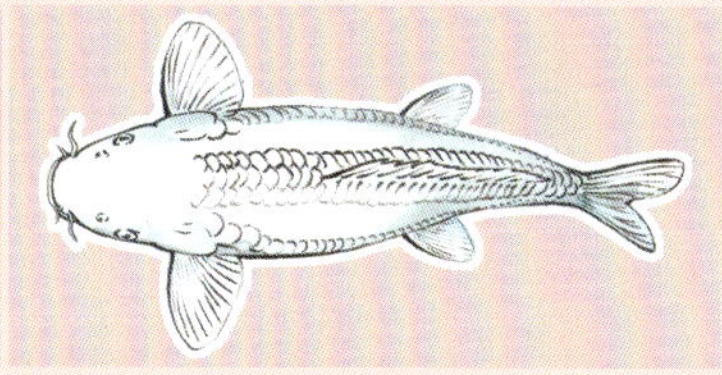
Doitsu

Gin Showa

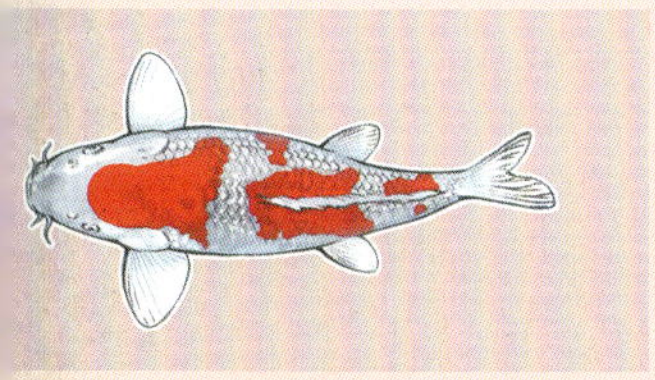
Goshiki

Hariwake

Hi Utsuri

Ki Bekko

Ki Utsuri

Kin Ki Utsuri

Kindai Showa Sanshoku

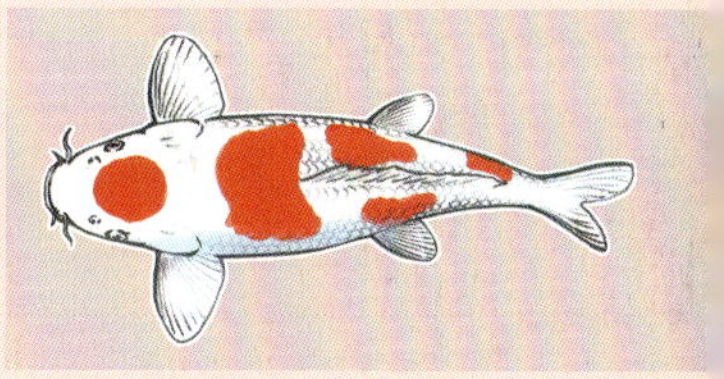
Maruten Kohaku

Orange Ogon

Sanshoku Kasane Sumi

Sanshoku Tsubo Simi

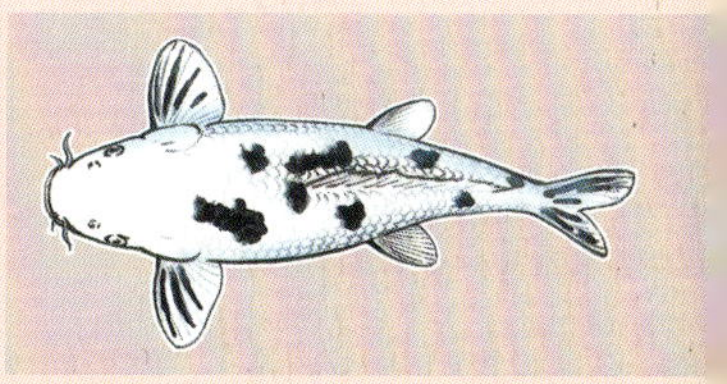
Shiro Bekko

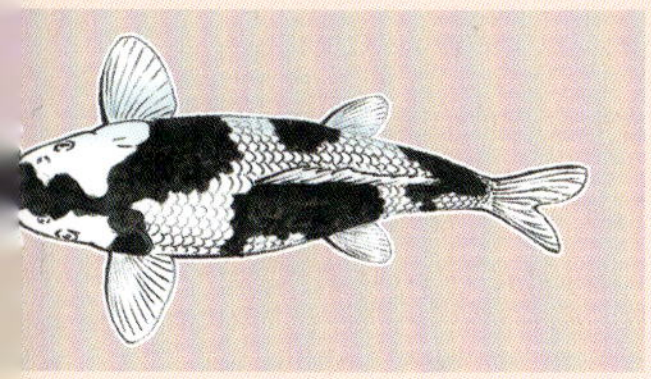
Shiro Utsuri

Showa Sanshoku

Shusui

Taisho Sanke

Tancho Showa

Tansho Sanke

Tansho

Yondan Kohaku

Insekten und anderes Kleingetier

Während Fische und Frösche jedes Kind kennt, führen die zahllosen Kleintiere des Wassers ein Leben im Verborgenen. Was sich abseits von fliegenden Insekten wie den Libellen oder an der Wasseroberfläche dahinflitzenden Wasserläufern in der Tiefe tummelt, entzieht sich unseren Blicken. Mit einem Kescher lassen sich Wasserinsekten, Schnecken und andere Kleintiere aber kinderleicht fangen und in einem provisorischen Aquarium gut beobachten. Sie sind faszinierende Wesen und spielen im Ökosystem Teich eine wichtige Rolle.

Azurjungfer

Coenagrion-Arten

Beschreibung: Kleinlibelle mit auffallend schlankem Körper und Flügelspannweite bis max. 5 cm, Männchen haben glänzend blau-schwarze Zeichnung, Weibchen blasser oder mehr Schwarzanteile im Muster
Lebensweise: Kleinlibellen sind keine ausdauernden Flieger, sie ruhen häufig, wobei sie ihre Flügel dachartig über dem Körper zusammenlegen
Nahrung: Fluginsekten, Larven jagen Wasserinsekten und andere Kleintiere
Fortpflanzung: Paarung im Sitzen, Weibchen sticht Eier in Wasserpflanzen ein, Männchen ist bei der Eiablage mit dem Weibchen noch verbunden (siehe Foto)
Besonderheiten: es gibt bei uns 13 Arten von Azurjungfern, die alle sehr ähnlich sind

Blaugrüne Mosaikjungfer

Aeshna cyanea

Beschreibung: Großlibelle mit bis zu 11 cm Flügelspannweite, blau-grün-schwarze Fleckenzeichung („Mosaik") am ganzen Körper, beim Weibchen mehr grün als blau
Lebensweise: Großlibellen sind gewandte Flieger, deren Flügel in Ruhestellung stets ausgebreitet sind, Mosaikjungfern unternehmen weite Streifzüge auch fernab von Gewässern, erwachsene Libellen leben nur einige Wochen, letzte Exemplare bei dieser Art sterben erst im Oktober/November
Nahrung: Fluginsekten, ihre großen Larven jagen Wasserinsekten bis hin zu Kaulquappen und kleinen Fischen
Fortpflanzung: Paarung im Flug, Eier werden vor allem in Pflanzen im Uferbereich eingestochen, Eier überwintern, die Larvenentwicklung dauert im Schnitt 2 Jahre, kein Puppenstadium, nach etwa 10 Häutungen schlüpft das fertige Insekt
Besonderheiten: Männchen verteidigt Revier am Wasser gegen Rivalen, dabei pfeilschnell hin- und herfliegend, eine der häufigsten Arten an Gartenteichen

Plattbauch

Libellula depressa

Beschreibung: Großlibelle mit flachgedrücktem, mit 6-8 mm auffallend breitem Körper, Männchen recht leicht erkennbar durch hellblaue Farbe, Weibchen gelbbraun, 8 cm Flügelspannweite, typisch auch die großen, braunen Flecken an allen vier Flügelansätzen
Lebensweise: jagt in der Luft, kehrt aber immer wieder zu Sitzwarten mit gutem Überblick zurück, Flügel in Ruhestellung stets ausgebreitet, unternimmt weite Streifzüge auch fernab von Gewässern, besiedelt als Pionierart neue Gewässer mit schwachem Bewuchs, nur die Larven überwintern
Nahrung: Fluginsekten, Larven jagen Wasserinsekten
Fortpflanzung: Paarung im Flug, Weibchen lässt Eier knapp über dem Wasser fallen, häufig in mehreren Teichen hintereinander
Besonderheiten: taucht als eine der ersten Libellen am neuen Teich auf und ist daher an Gartenteichen recht häufig (bevorzugt generell kleinere Gewässer)

Gelbrandkäfer

Dictiscus marginalis

Beschreibung: mit bis zu 3,5 cm auffallend großer Schwimmkäfer mit breitem, gelbem Rand um Flügeldecken und Halsschild, Bauchseite gelb, Geschlechter sehen unterschiedlich aus: Männchen haben glatte, Weibchen tief gefurchte Flügeldecken
Lebensweise: Käfer tauchen nur zum Luftholen auf, können aber auch fliegen
Nahrung: lebt räuberisch, wartet als Lauerjäger versteckt zwischen dicht wachsenden Wasserpflanzen auf Beute, frisst auch kleine Fische oder Amphibien, sonst Wasserinsekten, Larven haben gebogene, hohle Kiefer, mit denen sie Gift in ihre Beute spritzen: binnen Minuten wird sie zu Brei, den sie durch die selben Mundwerkzeuge aufsaugen
Fortpflanzung: Paarung im Frühling, Weibchen bohrt Eier mit Legebohrer einzeln in Pflanzenstängel ein, nach mehreren Häutungen werden die gefräßigen Larven bis 6 cm lang, dann Verpuppung
Besonderheiten: Männchen hat an den Vorderbeinen Saugnäpfe, mit denen es sich am Weibchen bei der Paarung festhält

Taumelkäfer

Gyrinus-Arten

Beschreibung: 5-7 mm kleiner, schwarz glänzender Käfer, kurze, ans Rudern angepasste Beine
Lebensweise: lebt fast ausschließlich an der Wasseroberfläche, zieht hier seine kreisenden, schlangenförmigen, spiraligen, aber niemals geraden (und namensgebenden!) Bahnen in auffallend schnellem Tempo, taucht aber auch gelegentlich
Nahrung: lebt räuberisch, packt Beute mit seinen Vorderbeinen und zerbeißt und zerkaut sie mit seinen Kiefern
Fortpflanzung: nach dem Überwintern Paarung im Frühling, Weibchen heften Eier an Pflanzen in Bodennähe, räuberische Larven gelblich-weiß, 12 mm lang und dünn, mit behaarten Tracheenkiemen für die Atmung an jedem Segment des Hinterleibes, Übergang zum fertigen Käfer über Puppenstadium in Kokon
Besonderheiten: nimmt Erschütterungen und Wellen an der Wasseroberfläche mit seiner Antenne auf, zweigeteilte Augen sehen gleichzeitig über und unter Wasser

Wasserläufer

Gerris lacustris

Beschreibung: Wanze mit extrem langen Beinen (2. und 3. Beinpaar), Jungtiere sehen den Erwachsenen bereits sehr ähnlich, haben aber noch keine Flügel und sind kleiner
Lebensweise: nutzt Oberflächenspannung des Wassers perfekt aus und läuft blitzschnell dahin, spürt mit den Beinen Wellen und Erschütterung, wenn ein Insekt ins Wasser gefallen ist oder zum Atmen auftaucht, erwachsene Tiere können fliegen und besiedeln rasch neue Teiche
Nahrung: lebt räuberisch, hat als typische Wanze stechend-saugende Mundwerkzeuge: sticht Beute an, injiziert Verdauungssekret und saugt verflüssigten Körper aus
Fortpflanzung: Paarung im Frühling nach der Überwinterung (an manchen Tagen sieht man dann Wasserläufer „im Doppelpack" herumlaufen), Weibchen klebt Eier an Wasserpflanzen, nach kurzer Zeit am Teichgrund steigen die Larven auf und leben wie die Eltern an der Wasseroberfläche
Besonderheiten: Wasserabweisende Haare an den Beinen und am Bauch

Rückenschwimmer

Notonecta glauca

Beschreibung: Wanze mit hellem, grünlichem Rücken und dunklem Bauch, durch ihre namensgebende, einzigartige Schwimmtechnik daher sowohl von oben als auch von unten gesehen gut getarnt, besonders lange, kräftige Hinterbeine mit auffallenden Haaren zum Rudern, große, rote Augen
Lebensweise: hängt meist verkehrt an der Wasseroberfläche, jagt aber auch tauchend, erneuert den an der Bauchseite mitgeführten Luftvorrat immer wieder
Nahrung: lebt räuberisch, hat als typische Wanze stechend-saugende Mundwerkzeuge: sticht Beute an, injiziert Verdauungssekret und saugt verflüssigten Körper aus
Fortpflanzung: nach der Überwinterung Paarung im Frühling, Weibchen sticht Eier einzeln in Pflanzenstängel unter Wasser, Larven sehen den Eltern sehr ähnlich, mehrere Häutungen
Besonderheiten: kann wie der Wasserläufer Erschütterungen der Wasseroberfläche mit seinen Beinen ertasten

Schnecken

Ihrer Langsamkeit haben sie wohl ihre vergleichsweise große Bekanntschaft zu verdanken: Schnecken im Gartenteich sind leicht zu entdecken. Alle tragen ein Haus, an dem sie auch am einfachsten zu unterscheiden sind. Die hier vorgestellten Arten atmen durch Lungen und kommen daher immer wieder an die Wasseroberfläche, um mit ihrem Atemloch Luft aufzunehmen. Schnecken sind im Gartenteich nützliche Helfer: Sie entsorgen abgestorbenes organisches Material und befreien lebende Pflanzen von Algenaufwuchs.

Spitzschlammschnecke

Lymnaea stagnalis

Beschreibung: bis 6 cm langes, deutlich spitzes Haus, innerster Umgang sehr groß und bauchig, Tier und Haus braun (sehr variabel je nach Standort), breite dreieckige Fühler
Lebensweise: kriecht auf einer selbst fabrizierten Schleimspur dahin, so auch kopfüber an der Wasseroberfläche gleitend, im Winter Umstellung auf Hautatmung
Nahrung: raspelt mit ihrer rauen Zunge Algenbeläge von Steinen oder Pflanzen ab, frisst aber auch allerlei weiche Nahrung wie Laich, Aas, verwesende Pflanzenteile
Fortpflanzung: Zwitter, Eier werden zu max. 200 Stück in charakteristischen Laichbändern an Blätter (typisch: Seerosenblätter) oder Steine geklebt, nach etwa 3 Wochen schlüpfen fertig entwickelte Minischnecken
Besonderheiten: durch blitzschnelles Ausstoßen der Luft lässt sich die Schnecke bei Gefahr absinken wie ein Stein, knabbert bei Massenvorkommen gelegentlich auch an Teichpflanzen

Posthornschnecke

Planorbarius corneus

Beschreibung: rundes, bis 3,5 cm großes, kräftig gebautes Haus ohne spürbare Kante („Kiel"), Gehäusefarbe braun, lange Fühler, hat an der linken Seite des Körpers dünnen Hautlappen, der die Funktion einer Kieme übernimmt (Sauerstoffaufnahme direkt aus dem Wasser)
Lebensweise: lebt vorwiegend am Grund, kommt seltener zum Atemholen an die Oberfläche, im Winter im Schlamm vergraben
Nahrung: zu Boden gefallener Detritus (abgestorbenes organisches Material), Algenbeläge
Fortpflanzung: Zwitter, Laichtraube enthält gut zwei Dutzend Eier
Besonderheiten: hat durch Hämoglobin rot gefärbtes Blut, was bei Wassertieren stets ein Zeichen für Anpassung an sauerstoffarme Lebensräume (hier: Teichgrund) ist: Sauerstoff wird auch in geringen Konzentrationen nutzbar

Gemeine Tellerschnecke

Planorbis planorbis

Beschreibung: rundes, bis 2 cm großes, flach gedrücktes Haus mit fühlbarem Kiel, deutlich kleiner und zarter als Posthornschnecke, Färbung heller (gelblich bis braun)
Lebensweise: kriecht auf Pflanzen oder hängt verkehrt an der Wasseroberfläche und weidet Nahrung ab
Nahrung: Algenbeläge, Detritus, aufs Wasser gefallene Schwebstoffe
Fortpflanzung: Zwitter, Laich flach und rund („tellerförmig")
Besonderheiten: enthält ebenfalls Hämoglobin im Blut, aber weniger als die Posthornschnecke, häufigste heimische Tellerschnecke (viele ähnliche Arten)

Muscheln

Die Existenz von Muscheln im Süßwasser ist dank ihrer unauffälligen und wenig mobilen Lebensweise am Teichgrund kaum bekannt, ebenso ihr unschätzbarer Beitrag zur Reinhaltung von Gewässern: sie filtern unermüdlich Plankton, Algen, Schwebstoffe und damit Nährstoffe nebst dem notwendigen Sauerstoff für ihre Atmung aus dem Wasser. Nicht verdauliche Reste geben sie zu größeren Klumpen verklebt ab, sie sinken auf den Boden. Fortsätze an den Rändern der Einsaugöffnung verhindern das Eindringen größerer Teile oder Steinchen. Durch die andere Öffnung stoßen sie das filtrierte Wasser wieder aus, an einem Tag passieren Dutzende Liter die Weichtiere. Muscheln sind nicht leicht anzusiedeln, leiden in sauerstoffarmem Wasser und können in zu kleinen Teichen oder bei effizient arbeitenden Filteranlagen regelrecht verhungern.

Beiderseitiger Nutzen

Im Frühling gelangen auch ihre winzigen Larven von ihrem geschützten Platz in der Atemhöhle mit dem ausgestoßenen Wasser in den Teich und heften sich mit den Haken ihrer Schalen an Fischen, vorzugsweise am Bitterling, an. Dort leben sie ein paar Wochen als Parasiten, werden dann abgestoßen und erobern somit neue Gebiete, wenn sie dort auf den Grund sinken. Umgekehrt braucht aber auch der Bitterling die großen Muschelarten wie Maler- oder Teichmuschel. Seine Eier setzen sich an den Kiemen der Muschel fest und wachsen, gut mit Sauerstoff versorgt und zwischen den Schalen geschützt, einige Wochen. Mit ca. 11 mm Größe verlassen die Jungfische die Muschel und leben selbständig.

Große Teichmuschel

Anodonta cygnaea

Beschreibung: größte, heimische Muschel bis max. 20 cm lang, Schale dünn und zerbrechlich, gelblich bis dunkelbraun (sehr variabel) mit deutlichen, dunkleren Wachstumsstreifen, Innenseite der Schale mit Perlmuttschicht
Lebensweise: lebt halb eingegraben im Tiefwasserbereich, braucht daher mindestens 10–15 cm sandiges Bodensubstrat, kann sich mit ihrem vorstreckbaren Fuß am Grund langsam weiterbewegen und Bodensubstrat zur Nahrungssuche aufwühlen, überwintert in Tiefen ab 80–100 cm problemlos und meist ganz vergraben
Nahrung: filtriert Plankton, Schwebstoffe und vor allem einzellige Algen aus dem Wasser
Fortpflanzung: es gibt getrenntgeschlechtliche und zwittrige Formen, Befruchtung der Eier erfolgt in der Kiemenhöhle
Besonderheiten: stellt vergleichsweise geringere Ansprüche an die Wasserqualität, daher in Gartenteichen am häufigsten zu finden

Malermuschel

Unio pictorum

Beschreibung: im Vergleich mit der Teichmuschel dickere, sehr lang gezogene Schalen bis max. 14 cm Länge, gelblich gefärbt mit dunkleren Wachstumsstreifen, oberer und unterer Rand mittig fast parallel, mattweiße Innenseite der Schale ohne Perlmuttschicht überzogen
Lebensweise: wie Große Teichmuschel
Nahrung: filtriert Plankton, Schwebstoffe und vor allem einzellige Algen aus dem Wasser
Fortpflanzung: ähnlich Teichmuschel, Aufnahme der parasitären Larven durchs Maul des Wirtsfisches und Festsetzen in dessen Kiemen
Besonderheiten: stellt unter den Muscheln die höchsten Ansprüche an die Wasserqualität und gedeiht nur in sehr sauerstoffreichem Wasser

Service

Teichfolien und Zubehör

OASE GmbH
Tecklenburger Str. 161
48477 Hörstel
Service-Tel.: 01805 / 700 755

NaturaGart Deutschland
GmbH & Co KG
Riesenbecker Str. 63 – 65
49479 Ibbenbüren
Tel.: 05451/5934-0
Teichberatung 05451 / 59 34-200
www.naturagart.de

Seerosen und Wasserpflanzen

(nach Postleitzahlen sortiert)

Dietmar Hauck
Wasserpflanzenkulturen
Siedlerstraße 4a
03051 Cottbus
Tel.: 0355 525153
Fax: 0355 2892145
hauck@seerosenparadies.de
www.seerosenparadies.de

La vie en rose
Christian Meyer
Schlehenweg 3
15848 Rietz-Neuendorf
Ortsteil Groß-Rietz
Tel.: 0172 3064084
lyriando@yahoo.de
www.Seerosenfarm.de

Wasserpflanzenkulturen
Eberhard Schuster
Kladower Weg 6
19089 Crivitz /OT. Augustenhof
Tel.: 03863 222705
Fax: 03863 222706
seerosenschuster@web.de
www.Wasserpflanzen-schuster.de

Jörg Petrowsky
Aschauteiche 2
29348 Eschede
Tel.: 05142 / 8 03
Fax: 05142 / 40 30
E-Mail: petrowsky
@seerosensorten.de
www.seerosensorten.de

Stauden Junge
Seeangerweg 1
31787 Hameln
Tel.: 05151 / 34 70
Fax: 05151 / 92 43 45
post@stauden-junge.de
www.stauden-junge.de

Steffen Preller
Welsleber Weg 26
39171 Dodendorf
Tel.: 0391 / 62 21 703
Fax: 0391 / 60 76 776
info@seerosenwelt.de
www.Seerosenwelt.de

Britta Rehberg
Warendorfer Str. 259
59227 Ahlen
Tel.: 02382 / 80 63 86
rehberg@wasserpflanzen.de
www.Wasserpflanzen.de

Gärtnerei Germann
Am Rübsamenwühl 22
67346 Speyer
Tel: 06232 / 6 30 40
Fax: 06232 / 6 30 41
info@gaertnerei-germann.de
www.gaertnerei-germann.de

Seerosen-Epple GmbH
Im Schemming 1/1
71726 Benningen
Tel.: 07144 / 69 51
Fax: 07144 / 17 227
E-Mail: info@seerosen-epple.de
www.seerosen-epple.de

Spezialgärtnerei für
Seerosen und Wasserpflanzen
Julius Hoechstetter
Deisenham 31
83308 Trostberg
Tel.: 08621 / 2438
Fax: 08621 / 979264
www.seerosen-hoechstetter.de

Seerosenkulturen
Michael & Franz Berthold
Hadrianstraße 55
83413 Fridolfing
Tel.: 08684 / 784
Fax: 08684 / 91 11
webmaster@seerosenkulturen.de
www.seerosenkulturen.de

Nymphaion
Werner Wallner Gartenbau
Mindelzeller Straße 9
87757 Kirchheim in Schwaben
Tel.: 08266 / 86 21 57
Fax: 08266 / 86 21 58
kontakt@nymphaion.de
www.nymphaion.de

Seerosen Wachter
Heinrich Stuber
93194 Walderbach
Tel.: 09464 / 434
Fax: 09464 / 434
seerosen-stuber@web.de
www.seerosen-wachter.de

Seerosen-Farm
Erhard Oldehoff
Siegelmühle 2
94051 Hauzenberg
Tel.: 08586 / 16 93
Fax: 08586 / 9 15 34
seerosen-farm@t-online.de
www.seerosen.de

Österreich

Teichpflanzen Greinegger
Schafwiesenstrasse 63
4614 Marchtrenk
Tel.: +43 (0) 664 / 46 30 421
Fax: +43 (0) 7243 / 51 27 64
office@teichpflanzen.at
www.teichpflanzen.at

Pflanzenliebhaber-gesellschaften

Gesellschaft der Stauden-freunde e.V.
GdS- Geschäftsstelle
Neubergstraße 11
77955 Ettenheim
Tel.: 07822 / 86 18 34
Fax: 07822 / 86 18 33
E-Mail: info@gds-staudenfreunde.de
www. gds-staudenfreunde.de

Gesellschaft der
Wassergartenfreunde
C/o Theo Germann
Am Rübsamenwühl 22
67346 Speyer
Tel.: 06232 / 63 040
E-Mail: gaertnerei-germann@t-online.de
www.wassergarten.de

Register

Alle **halbfett** gedruckten Seitenzahlen verweisen auf Abbildungen.

A
Abdichtung, Schwimmteich 56
Achillea ptarmica 38
Acorus calamus 61, 92, **92**
Aeshna caynea 130, **130**
Ajuga reptans 39
Alchemilla mollis 39
Algen **65,** 78, **78,** 79, **79**
Alisma plantago-aquatica 92, **92**
Amerikanische Sumpf-Schwertlilie 97, **97**
Ammoniak 67
Amphibien 118 f.
Anguis fragilis 122, **122**
Anlage Folienteich 30, **30**
– Schalenteich 34
Anodonta cygnaea 133, **133**
Aponogeton distachys 103, **103**
Architektonische Wasserbecken 25
Architektonischer Garten 10
Artenvielfalt 8, **8**118
Außenfilter **57**
Azolla caroliniana 107, **107**
Azurjunger 130, **130**

B
Bach, Folien- **45,** 46
–, Kunststoffschalen- 46, **46**
–, Probleme beim Bau 47
Bachbett, Bau 44
Bachbunge 102, **102**
Bachlauf 9, 44 f., **45, 46, 87**
–, Quellstein 19
–, Teich 18, **18**
–, Umwälzpumpe 19
Bach-Nelkenwurz 95, **95**
Bachprofil **47**
Bagger 30, **30**
Baldellia ranunculoides 92, **92**
Balkon, Miniteich auf dem 13
Bambus 7, **7,** 77, **77**
Bandstahl, Beckeneinfassung 11
Baugenehmigung 55
Bäume am Teich 23
Beckeneinfassung 11
Beleuchtung 15, **15,** 40, 41, **41**
–, Lichtkugeln 15, **15**
Bergeidechse 122, **122**
Bergmolch 121, **121**
Beton, Beckeneinfassung 11
Binse, Zwerg- 98, **98**
Biotop 118
Bistorta officinalis 38
Bitterling 126, **126**
Blindschleiche 122, **122**
Blumenbinse 93, **93**
Blut-Weiderich 5, **5,** 38, 99, **99**
Bodenfilter 60
Bombina bombina 120, **120**
– *variegata* 119, **119**
Brücken 48, **49**
Brunnen 5, **5**
Brunnenkresse 100, **100**
Bufo bufo 120, **120**
– *calamita* 120, **120**
– *viridis* 120, **120**
Butomus umbellatus 93, **93**

C
Calla palustris 93, **93**
Callithriche palustris 105, **105**
Caltha palustris 93, **93**
Carassius auratus 126, **126**
Carex pseudacorus 93, **93**
Ceratophyllum demersum 106, **106**
Coenagrion-Arten 130, **130**
Coreopsis verticillata 38
Cyperus alternifolius 94, **94**
– *longus* 94, **94**
– *papyrus* 94, **94**

D
Deko 42, **42,** 43
Dictiscus marginalis 131, **131**
Drachenwurz 93, **93**

E
Eichhornia crassipes 107, **107**
Einbau Schalenteich 35
Einkauf, Pflanzen 88
Einschlämmen 35, **35**
Eisfläche 83
Eisfreihalter 82
Elodea canadensis 106, **106**
Elritze 127, **127**
Ente **116**
Erdkröte 120, **120**
Eriophorum vaginatum 94, **94**
Erwachsene, Sicherheit 27
Eupatorium cannabium 38, 94, **94**
Euphorbia palustris 94, **94**
Fadenmolch 121, **121**
Fallhöhe, Wasserfall 19
Faunenverfälschung 123
Feenmoos 107, **107**
Felberich, Gold- 38
–, Strauß- 99, **99**
Feuchtbiotop 9
Fieberklee 100, **100**
Filter 68 ff.
– im Winter 71
–, Platzierung 71
–, Schwimmteich 57
–, Wartung 71
Filterpflanzen 61, **61**
Filterpumpen 69, **69**
Filterteich 60, **60, 61**
Findlinge 18, **18, 45**
Fische 124 f.
Flachwasserzone 86
–, Pflanzen für die 92 ff.
Flatterbinse 61
Folie verlegen, Folienteich 32
Folienbedarf, Folienteich 31, **31**
Folienstärke, Teichbau 28, **28**
Folienteich 30, **30**
–, Folie verlegen 32
–, Folienbedarf 31, **31**
–, Kiesabdeckung 33, **33**
–, Sandschicht 32
–, Teich ausheben 32
–, Teichprofil 32
–, Teichsubstrat 33, **33**
–, Vlies verlegen 32
Folienteiche, Ufergestaltung 37
Form anzeichnen, Schalenteich 34
Formale Wasserbecken 10
Frauenmantel 39
Froschbiss 103, **103**
Froschkraut 104, **104**
Froschlöffel 92, **92**
Frühjahrsputz **75**
Frühling 74
Funkien 39, **87**

G
Garten, mediterraner 14, **14**
Garten, vogelfreundlicher 117
Gasterosteus aculeatus 127, **127**
Gauklerblumen 38
Geländer 48
Gelbbauchunke 119, **119**
Gelbe Sumpf-Schwertlilie 96, **96**
Gelbrandkäfer 131, **131**
Geometrische Teichform 25, **25**
Geranium palustre 95, **95**
Gerris lacustris 131, **131**
Gesamthärte 67
Gestaltung des Ufersaums 38
Giftpflanzen, Garten 27
Gladiole, Sumpf- 95, **95**
Gladiolus palustris 95, **95**
Gleichgewicht 64
Gold-Felberich 38
Goldfisch 126, **126**
Goldkeule 100, **100**
Goldorfe 126, **126**
Gottesgnadenkraut 95, **95**
Granit, Wasserbecken 10, **10**
Granittrog, Miniteich 13
Grasfrosch 119, **119**
Grasfrosch 8, **8**
Gratiola officinalis 95, **95**
Grube ausheben, Schalenteich 34, **34**
Gyrinus substriatus 131, **131**

H
Hahnenfuß, Wasser- 105, **105**
–, Zungen- 101, **101**
Halogenlicht, Beleuchtung 40
Hechtkraut 36, **36,** 100, **100**
Heimische Pflanzen 6
Hemerocallis-Hybriden 38
Herbst 80
Hippuris vulgaris 95, **95**
Holzbottich 13
Hornblatt 106, **106**
Hosta 39
Hottonia palustris 106, **106**
Hydrocharis morsus-ranae 103, **103**
Hydrochleys nymphoides 103, **103**
Hyla arborea 119, **119**

I
Igelkolben 61, 101, **101**
Igelleiter **116**

Igelschlauch 92, **92**
Insekten 130 f.
Iris 96 f., **96 f.**
– *ensata* 97, **97**
– *laevigata* 97, **97**
– *pseudacorus* 61, 96, **96**
– *sibirica* 38, 97, **97**
– *versicolor* 97, **97**
Iris-Arten, schmalblättrige 38

J
Jakobsleiter 39
Japanische Sumpf-Schwertlilie 97, **97**
Juncus effusus 61, 98, **98**
– *ensifolius* 98, **98**

K
Kalmus 61, 92, **92**
Kammmolch 121, **121**
Kapillarsperre 37
Karbonathärte 67
Keramikgefäß 13
Kescher **65, 72,** 73
Kiesabdeckung, Folienteich 33, **33**
Kinder 58, **58**
–, Sicherheit 27
Kleefarn 104, **104**
Kleiner Rohrkolben 102, **102**
Klinker, Wasserbecken 10, **10**
Knöterich 38
Koi 128 f., **128**
Krebsschere 108, **108**
Kreislauf 64
Kreuzkröte 120, **120**
Kriechender Günsel 39

L
Lacerta agilis 122, **122**
Lacerta vivipara 122, **122**
Laichkraut, Schwimmendes 105, **105**
Laubfrosch 119, **119**
Laubschutznetz 23, 73, 80, **81**
LED-Leuchten 40
Ledum palustre 98, **98**
Legendenerklärung 85
Leiter 73
Lemna-Arten 107, **107**
Leucaspius delineatus 127, **127**
Leuciscus idus 126, **126**
Libellenlarve 58
Libellual depressa 130, **130**
Lichtkugeln 15, **15**
Lotosblume 114, **114**
Luronium natans 104, **104**
Lymnaea stagnalis 132, **132**
Lysichiton americanus 98, **98**
– *camtschatcensis* 98, **98**
Lysimachia nummularia 99, **99**
– *punctata* 38
– *thyrsiflora* 99, **99**
Lythrum salicaria 38, 99, **99**

M
Mädchenauge 38
Malermuschel 133, **133**
Mammutblatt 7, **7**
Marsilea quadrifolia 104, **104**
Material, Teichfolien 28
Materialliste, Teichbau 29, **29**
Mediterraner Garten 14, **14**
Mentha aquatica 99, **99**
Meny*anthes trifoliata* 100, **100**
Mimulus-Arten 38
Miniteich 12, **12,** 13, 50 f., **50, 51**
– bepflanzen 52, **52,** 53
Minze, Wasser- 99, **99**
Moderlieschen 127, **127**
Moderner Teich 6
Moor 38, **38**
Mosaikjungfer 130, **130**
Muschelblume 108, **108**
Muscheln 133
Myriophyllum spicatum 106, **106**

N
Nährstoffe 65
Nasturtium officinale 100, **100**
Natrix natrix 123, **123**
Natur entdecken 59
Naturschutz 118
Naturstein als Beckeneinfassung 11
Naturteich 6, 8, **8**
Nelumbo nucifera 114, **114**
Nitrat 67
Nitrit 67
Notonecta glauca 131, **131**
Nuphar lutea 111, **111**
Nymphaea alba 110, **110**
– × *daubenyana* 114, **114**
– *odorata* var. *minor* 110, **110**
– × *pygmaea* 'Helvola' 111, **111**
– *stellata* 114, **114**
– 'Almost Black' 112, **112**
– 'Attraction 112, **112**
– 'Attraction' 112, **112**
– 'Baby Red' 112, **112**
– 'Barbara Davis' 112, **112**
– 'Candidissima' 112, **112**
– 'Colorado' 113, **113**
– 'Escourboucle' 113, **113**
– 'Froebeli' 113, **113**
– 'Gladstoniana' 110, **110**
– 'Hollandia' 113, **113**
– 'Iolanthe' 114, **114**
– 'Madame Wilfron Gonnère' 114, **114**
– 'Marliacella Chromatella' 111, **111**
– 'Meteor' 114, **114**
– 'Murillo' 114, **114**
– 'White Gonnère' 111, **111**
Nymphoides peltata 104, **104**

O
Orontium aquaticum 100, **100**

P
Papyrus 94, **94**
Persicaria amphibia 104, **104**
Pfeilkraut 101, **101**
Pfennigkraut 99, **99**
Pflanzenauswahl 88
Pflanzenporträts 84 ff.
Pflanzkorb 90, **91**
Pflanzung 90
Pflege 62 ff.
Phosphat 67
Phoxinus phoxinus 127, **127**
pH-Wert 67
Pistia stratiotes 108, **108**
Planorbis planorbis 132, **132**
Planorbius corneus 132, **132**
Plattbauch 130, **130**
Polemonium caerulum 39
Polygonum amphibium 104, **104**
Pontederia cordata 100, **100**
Porst, Sumpf- 98, **98**
Posthornschnecke 132, **132**
Potamogeton nutans 105, **105**
Pumpen 69
Punktstrahler, Beleuchtung 40

Q
Quellstein 13
– am Bachlauf 19

R
Rana esculenta 119, **119**
– *temporaria* 119, **119**
Ranunculus aquatilis 105, **105**
– *lingua* 101, **101**
Regenerationsbereich, Schwimmteich 16, **16**
Rhizomsperre 77
Rhizomsperre 9
Rhodeus amarus 126, **126**
Ringelnatter 123, **123**
Rodgersia-Arten 38
Rohrkolben, Breitblättriger 61
–, Kleiner 102, **102**
–, Schmalblättriger 61, 102, **102**
Rotbauchunke 120, **120**
Rotwangen-Schmuckschildkröte 123, **123**
Rückenschwimmer 131, **131**
Rückschnitt, Pflanzen 74

S
Sagittaria sagittifolia 101, **101**
Salvinia natans 108, **108**
Sandschicht, Schalenteich 34, **34,** 35
–, Folienteich 32
Sauerstoffgehalt 66, 77
Schafgarbe, Weiße- 38
Schalenteich, 28, 34, **34,** 35, **35**
–, Ufergestaltung 37
Schattiger Teich 23
Schaublätter 38
Schaumsprudler 6, **6**
Scheinkalla **75,** 98, **98**
–, Sibirische 98, **98**
Schildkröten 123, **123**
Schlammabsauger 73, **73**
Schmalblättriger Rohrkolben 102, **102**
Schnecken 132
Schnee 83
Schnelltest, pH- 67
Schoenoplectus lactustris 61, 101, **101**
Schutzgitter, Sicherheit 26, **26**
Schutzvlies, Teichfolie 28
Schwanenblume 93, **93**
Schwertlilie, Amerikanische Sumpf- 97, **97**
–, Gelbe Sumpf- 61
–, Japanische Sumpf- 97, **97**

–, Sumpf- 97, **97**
–, Wiesen- 97, **97**
Schwimmbereich 16, **16**
Schwimmblattpflanzen 103 ff.
Schwimmfarn 108, **108**
Schwimmpflanzen 107 ff.
Schwimmteich 5, **5,** 16, **16,** 20, **21,** 54 ff. **54, 55,** 59
–, Regenerationsbereich 16, **16**
–, Schwimmbereich 16, **16**
–, Wasserreinigung 17
Seekanne 104, **104**
Seerosen **87,** 109 ff.
–, Duftende 110, **110**
–, Weiße 110, **110**
– teilen **91**
–, Auswahl 109
–, Pflanzung 109
–, tropische 115, **115**
Sibirische Scheinkalla 98, **98**
Sicherheit 26, **26,** 27, 48
Simse, Teich- 61, 101, **101**
Sitzplatz, Teich 14, **14,** 15
Skimmer **56,** 68
Skulpturen **42,** 43
Solarpaneel **70**
Solarzellen, Beleuchtung 40
Sommer
Sonniger Teich 22
Sparganium erectum 61, 101, **101**
Spielgeräte, Sicherheit 26, **26**
Spitzschlammschnecke 132, **132**
Spritzwasserverlust 44
Standort, Teich 22
Stauden, Ufergestaltung 36, **36**
Stege 48, **49**
Steinfolie 39, **39**
Stichling 127, **127**
Stratiotes aloides 108, **108**
Sträucher, Teich 23
Strauß-Felberich 99, **99**
Sumpf-Calla 93, **93**
Sumpfdotterblume **75,** 93, **93**
Sumpffarn 102, **102**
Sumpf-Gladiole 95, **95**
Sumpf-Porst 98, **98**
Sumpfschildkröte 123, **123**
Sumpf-Schwertlilie 61, 97, **97**
–, Gelbe 96, **96**
Sumpf-Vergissmeinnicht **76**
Sumpf-Wolfsmilch 94, **94**
Sumpfzone 86
–, Pflanzen für die 92 ff.

T

Taglilie 5, **5,** 38
Tannenwedel 95, **95**
Taumelkäfer 131, **131**
Tausendblatt, Ähriges 106, **106**
Teich ausheben 32
–, Mini- 12
–, moderner 6
–, Natur- 6
–, schattiger 23
–, Sicherheit 26, **26**
–, Sitzplatz 14, **14,** 15
–, sonniger 22
–, Standort 22
–, Sträucher 23
–, Wasserfall 18, **18**
–, Wasserspiele 23, **23**
–, Wege 15
Teichbau, Folienstärke 28, **28**
–, Materialliste 29, **29**
Teichbett vorbereiten 35
Teichbinse **75**
Teichfische 124 ff.
Teichfolie 28
–, Material 28
Teichform, geometrisch 25, **25**
–, rund 24
Teichfrosch 119, **119**
Teichmolch 121, **121**
Teichmummel, Gelbe 111, **111**
Teichmuschel 133, **133**
Teichprofil, Folienteich 32
Teichrandbepflanzung **87**
Teichrandzone 86
Teichschere **72,** 73
Teich-Simse 61, 101, **101**
Teichsubstrat, Folienteich 33, **33**
Teichthermometer 73
Teichzonen 86
Tellerschnecke 132, **132**
Temperatur 66
Terrasse, Miniteich auf der 13
Terrassenböschung 44
Thelypteris palustris 102, **102**
Thermometer 73
Tiefe berechnen, Schalenteich 34
Tiefwasserzone 86
Tiere am und im Gartenteich 27, 116 ff.
Tiere, unerwünschte 116
Tierporträts 116 ff.
Torf, als Filter **70**
Trapa natans 105, **105**
Trauerweide 7, **7**
Trittsteine 48, **49**
Triturus alpestris 121, **121**
– cristatus 121, **121**
– helveticus 121, **121**
– vulgaris 121, **121**
Trockenmauer 11, **11**
Typha angustifolia 61, 102, **102**
Typha angustifolia 61
Typha latifolia 61
Typha minima 102, **102**

U

Überlaufstein **45**
Uferbepflanzung 5, **5,** 7, **7**
Ufergestaltung 36, **36,** 37
Ufersaum 38
Umwälzen, Wasser 71
Umwälzpumpe, Bachlauf 19
Unio pictorum 133, **133**
Unke, Gelbbauch- 119, **119**
Unke, Rotbauch- 120, **120**
Unterwasserpflanzen 103 ff.
Unterwasserscheinwerfer 15, **15**
Unterwasserstrahler 40, 41, **41**
Utricularia vulgaris 108, **108**
UVC-Vorklärgerät **70,** 71

V

Verjüngungskur 65
Verlandung 73
Veronica beccabunga 102, **102**
Vlies verlegen, Folienteich 32
Vögel anlocken 117
Vogeltränke 13

W

Waldeidechse 122, **122**
Wasserähre, Afrikanische 103, **103**
Wasserbecken, architektonische 25
–, formale 10
–, Granit 10, **10**
–, Klinker 10, **10**
–, kreisrundes 24, **24**
Wasserdost 38, 94, **94**
Wasserfall 7, **7,** 18, **18,** 46
–, Fallhöhe 19
Wasserfeder 106, **106**
Wasser-Hahnenfuß 105, **105**
Wasserhärte 67
Wasserhyazinthe 107, **107**
Wasser-Knöterich 104, **104**
Wasserläufer 131, **131**
Wasserlinse 107, **107**
Wasser-Minze 99, **99**
Wassermohn 103, **103**
Wassernuss 105, **105**
Wasserpest 106, **106**
Wasserqualität 66
Wasserreinigung, beim Schwimmteich 17
Wassersalat 108, **108**
Wasserschale 12, **12**
Wasserschlauch 108, **108**
Wasserspiele 12, **12,** 23, **23**
Wasserstern 105, **105**
Wasserthermometer **56**
Wasserwerte 66, 67
Wathose **72,** 73
Wechselkröte 120, **120**
Wege, Teich 15
Wegleuchten 40
Weiderich, Blut- 38, 99, **99**
Weiße Schafgarbe 38
Wiesen-Schwertlilie 97, **97**
Winter 82
Winterschutz 80
Wolfsmilch, Sumpf- 94, **94**
Wollgras, Scheidiges 94, **94**

Z

Zauneidechse 122, **122**
Zeitschaltuhr 40
Zubehör 72
Zungen-Hahnenfuß 101, **101**
Zwerg-Binse 98, **98**
Zyperngras 94, **94**
Zyperngras-Segge 93, **93**

Impressum

Umschlaggestaltung von Atelier Reichert, Stuttgart unter Verwendung eines Farbfotos von Stockfood, München (Umschlagvorderseite) sowie zwei Fotos von gartenfoto.at/Alice Thinschmidt und Daniel Böswirth.

Mit 315 Farbfotos
Alle Fotos von gartenfoto.at/Alice Thinschmid und Daniel Böswirth mit Ausnahme von:
15 beide: Oase Living Water, 27: Gartenschatz, 29 re: Jürgen Stork, 30 alle 3 oben: Oase Living Water, 30 unten links: Oase-Living Water, 34 alle 3: Wolfgang Redeleit, 35 alle 3: Wolfgang Redeleit, 39 unten links: Oase Living Water, 41 alle 4: Oase Living Water, 46 links: Oase Living Water, 67 rechts: Peter Beck, 69 links: Oase Living Water, 70 oben rechts: Oase Living Water, 70 Mitte links: Peter Beck , 72 alle 3: Oase Living Water, 91 unten beide: Peter Beck, 92 oben: Frank Hecker, 92 unten: Friedrich Strauß, 93 oben: Manfred Pforr, 95 oben: Gartenschatz, 95 Mitte oben. Peter Beck, 95 Mitte unten: Roland Spohn, 97 Mitte oben, Mitte unten: Florapress/GAP, 98 oben: Friedrich Strauß, 98 Mitte oben: Gartenschatz, 99 oben Mitte: Friedrich Strauß, 99 unten: Gartenschatz, 100 Mitte oben: Gartenschatz, 100 unten: Gartenschatz, 101 oben: Friedrich Strauß, 101 Mitte unten: Friedrich Strauß, 102 Mitte oben: Gartenschatz, 102 unten: Roland Spohn, 103 oben: Florapress/GAP, 103 Mitte: Gartenschatz, 103 unten: Manfred Rucksio, 104 oben: Kristian Peters/wikipedia, 104 Mitte oben: Gartenschatz, 104 unten: Manfred Pforr, 105 oben: Roland Spohn, 105 Mitte unten: Peter Beck, 106 oben: Peter Beck, 106 Mitte unten: Manfred Ruckszio, 108 unten: Manfred Pforr, 110 oben: Peter Beck, 111 Mitte oben: Gartenschatz, 112 Mitte oben. Peter Beck, 115 Mitte: Flora Press/GAP, 117 rechts: Reinhard Tierfoto/Hans Reinhard, 118: Oase Living Water, 119 unten: Peter Beck, 120 oben: Marek Szczepanek/wikipedia, 121 oben: Peter Beck, 121 Mitte oben: Reinhard Tierfoto/Hans Reinhard, 121 Mitte unten: Christian Fischer/wikipedia, 121 unten: Reinhard Tierfoto/Hans Reinhard, 122 oben, unten: Reinhard Witt, 123 Mitte: Peter Beck, 123 oben: Reinhard Tierfoto/Hans Reinhard, 125 beide: Oase Living Water, 126 alle 3. Peter Beck, 126 oben, unten: Peter Beck, 126 Mitte: Kosmos/Burkhard Kahl, 130: Reinhard Witt, 130 Mitte: Peter Beck, 131 oben: Peter Beck, 131 Mitte oben: Frank Hecker, 131 unten: Reinhard Witt, 132 Mitte: Heiko Bellmann, 133 unten: Frank Hecker, 133 oben: Reinhard Tierfoto/Hans Reinhard, 133 unten: Frank Hecker

Mit 29 Farbzeichnungen
31: Dr. Folko Kullmann, 69 rechts: Oase Living Water, 70 oben links, unten rechts: Oase Living Water, 129 alle 24: Kosmos/Milada Krautmann

Gedruckt auf chlorfrei gebleichtem Papier

FSC www.fsc.org MIX Papier aus verantwortungsvollen Quellen FSC® C084279

ISBN 978-3-440-12503-8
Projektmanagement: Kullmann & Partner, Stuttgart
Redaktion: Dr. Folko Kullmann
Gestaltungskonzept: Atelier Reichert, Stuttgart
Satz: Typomedia, Ostfildern
Produktion: Siegfried Fischer
Printed in Slovakia / Imprimé en Slovaquie